선교적 관점으로 본

중국의 전통종교
도교 세계관

선교적 관점으로 본

중국의 전통종교 도교 세계관

이주현 지음

머리말

　　1994년 1월 5일 선교사로 중국 땅에 발을 디딜 때의 그 감격이 있었던 후 어언 28년이 지났습니다. 중국 땅에 처음 도착했을 때 공기 속에서 섞여 있는 시골 냄새와 난방용 석탄 연기의 냄새가 싫지 않았고, 숙소에서 본 침대 위의 쥐똥이 정겹고 흥미롭기까지 했습니다. 28년이 지난 지금, 뒤돌아보면 참으로 하나님의 놀라운 은혜와 성령의 인도를 받은 사역을 경험하는 선교였습니다. 그리움과 함께 마음 한구석에는 선교지와 현지인들 대한 더 깊은 이해가 필요했다는 생각이 듭니다. 그러던 중 하나님께서 선교지에서 공부할 기회를 주셨고, 저의 선교를 바라보는 관점에도 큰 변화가 생겼습니다.

　　효과적인 선교전략을 위한 현지 세계관과 문화에 대한 이해, 특히 약 14억 중국인들의 토착 종교인 도교가 중국의 크고 작은 명절과 정치, 경제, 문화, 의학, 문학 등 모든 영역과 중국인의 세계관과 가치관, 행동 원리에 깊은 영향을 미쳤다는 것을 알게 되었습니다. 하지만 아직 도교 세계관에 관하여 많은 연구가 진행되지 않아 중국 도교의 세계관 파악과 선교전략을 연구하면서 문헌연구의 한계를 느꼈습니다.

본서를 소개하면 다음과 같습니다. 본 연구의 목적은 먼저 중국 도교 세계관에 관하여 상세한 연구를 통해 성경 말씀과 개혁주의 정통교리 그리고 《웨스트민스터 신앙고백서》에 근거하여 중국 도교 세계관을 비평하며, 비판적 상황화에 관한 연구와 선교 신학자들의 견해를 고찰하고, 이러한 근거를 바탕으로 도교 세계관을 가진 사람들에게 효과적으로 복음을 전하기 위한 선교전략과 중국 그리스도인들에게 기독교 세계관 확립을 위한 세계관 변화 전략을 제시하고자 했습니다. 본 연구는 이런 연구목적을 성취하기 위하여 세계관 분석, 세계관 변화, 선교전략 이론을 근거로 연구하였고, 관계 형성과 전도를 위한 접촉점 그리고 신자를 위한 성경공부, 신학교 교육 등의 선교전략을 제시했습니다.

본서의 구성은 제1부는 서론, 제2부는 중국 도교, 제3부는 기독교 세계관과 중국 도교 세계관, 제4부는 도교 세계관을 가진 사람들을 위한 선교전략, 제5부는 결론으로 구성하였습니다.

제2부는 중국 도교의 연원으로 도교에 대한 이해와 도교의 발생 근원, 도교 철학에 대해 이해할 수 있습니다. 또한, 중국 도교의 역사변천으로 도교의 시작, 발전, 쇠락, 현대의 중국 도교를 이해할 수 있으며, 그리고 중국 도교의 세계관으로 도교 세계관을 이루는 네 가지 주제, 중국 도교의 자연관에 관하여 상세한 연구를 하였습니다.

제3부는 성경적 관점에서 바라본 도교 세계관 연구로 기독교와 도교의 계시관 비교, 신관 비교, 구원관 비교, 내세관 비

교, 우주 생성관 비교, 예배관 비교, 세계관 비교 연구하였습니다. 그리고 선교학적인 관점에서 바라본 도교 세계관 연구로 비판적 상황화의 필요성, 기독교와 도교의 본질적 차이, 선교적 접촉점, 혼합주의의 위험성에 관해 연구하였습니다. 그리고 선교학자 한스 큉, 안점식 그리고 매영상(梅榮相) 등의 견해를 각각 살펴보았습니다.

제4부는 기독교 세계관과 중국 도교 세계관을 비교 연구한 결과를 근거로 도교 세계관을 가진 중국인들을 위한 선교전략을 세우는 연구입니다. 도교 세계관을 가진 사람들과의 접촉점으로 첫 번째, 도교의 "겸손", 두 번째는 비인격적인 "도(道)"와 인격적인 하나님, 세 번째는 "죄"의 개념, 네 번째는 "우주 생성관과 창조론", 다섯 번째는 "장생불로와 기독교 구원론" 등을 활용하여 각각 선교전략을 세우고 선교경험을 전략적 실제로 정리하였습니다. 결론적으로 선교전략의 적용과 전략적인 제안을 제시하였습니다. 제5부는 결론으로서 전체의 내용 요약과 연구의 한계, 후속 연구 방안을 제언하였습니다.

하나님의 크신 은혜로 선교지에서 박사과정 공부할 기회를 주셔서 선교학적인 안목으로 사역을 돌아보고 정리할 수 있게 하셨고, 중국인들에게 가장 큰 영향력을 준 도교와 도교 세계관 이해를 학문적으로 깊이 있게 연구하게 하셨습니다. 그리고 기독교 세계관과 비교 분석, 세계관 변화, 선교전략 이론 연구를 통하여 선교지와 선교지 사람들을 더 잘 이해하므로 효과적인 복음전파를 위한 선교전략을 세우고 선교경험을 바탕으로 지속적인 사역을 효과적으로 감당할 수 있는 은혜를 주셨습니다. 사역의 초창기에 선교지와 선교지 사람들에 대한 이해의 부족으로 시행착오가 많았지만, 실천적인 선교전략으로 제시한 관계 형성전도, 제자 훈련, 그리고 신학교육 등의 다양한 경험을 통해, 실제 선교지에서 성도들의 가치관과 세계관이 하나님의 말씀 가운데 변화가 되는 것을 보게 하셨고, 성도들이 예수님의 제자로 헌신하여 중국의 곳곳에 흩어져 교회를 개척하고 섬기게 하셨으며, 또한 헌신하여 해외 선교사로 나가게 하셨습니다. 함께 웃고 울며 동고동락했던 선교지 중국에서 주님을 섬기는 제자들과 함께 이 기쁨을 나누고 싶습니다.

본 연구를 위해 학문적으로 지도해 주신 정흥호 교수님을 비롯한 ACTS 아신대학교의 교수님들께 감사를 드립니다. 그리고 논문 지도를 해주신 정흥호 교수님, 소윤정 교수님, 김종구 교수님께 감사를 드립니다. 이 책이 선교에 조금이나마 도움이 되었으면 하는 마음으로 책으로 출간합니다. 이 책이 나올 수 있도록 애를 써 주신 빌리온 선교회 김종구 대표님께 큰 감사를 드립니다.

필자가 선교의 길을 멈추지 않고 계속 갈 수 있도록 기도와 후원을 지속해 주신 광주 소래교회와 선교후원자들에게 진심으로 감사의 인사를 드립니다. 그리고 늘 옆에서 함께 했던 동반자 아내 박현미 그리고 아들 찬희와 딸 하영이에게 고마움과 기쁨을 함께 나누고 싶습니다. 모든 영광과 감사과 존귀를 성삼위일체 하나님께 올려 드립니다.

2022. 06. 27.
저자 이주현

중국은 도교, 불교, 이슬람교, 천주교, 기독교를 5대 종교로 인정합니다. 이 중에서 도교만이 유일하게 중국에서 발생한 종교입니다. 기타 종교들은 외래에서 유입된 종교입니다. 이것은 중국인들의 삶의 자리에서 도교가 차지하는 위치를 가늠할 수 있는 말이기도 합니다. 저자의 말처럼 도교는 중국의 전통문화와 밀접한 관계에서 시작되었고 종교로 발전되었습니다. 단순히 과거의 종교로 머물러 있는 것이 아니라, 중국인의 세계관 형성에 깊이 자리하고 있습니다. 그러므로 중국에서 선교하고자 한다면 중국의 전통 종교인 도교를 이해하는 것은 필수일 것입니다.

이 책의 저자인 이주현 선교사는 28년간 중국인들에게 예수 그리스도의 복음을 전하고, 하나님의 계시인 성경을 가르치는 일에 몰두하였습니다. 그러면서 중국인들의 생각과 행동과 언어에 뿌리 깊게 자리하고 있는 도교의 실체를 보게 되었고, 도교를 연구한 것을 알 수 있습니다. 저자는 이 책에서 도교의 근원에 대해 심도 있는 연구를 하였고, 도교와 기독교 세계관을 비교 분석하여 선교전략을 수립함으로 중국선교를 하고자 하는 이들에게 큰 도움을 주었다고 확신합니다.

추천인은 이 책의 저자인 이주현 박사와 같은 공동체 안에서 오랫동안 같이 중국선교를 하였고, 이 책의 근간이 되는 박사학위 논문을 지도한 바 있습니다. 저자는 중국인을 자식처럼 사랑하는 사람이며, 사랑하는 중국인들에게 어떻게든 예수 그리스도의 복음을 전하여 구원에 이르기를 소원하는 마음이 가득한 선교사입니다. 어떤 일을 결정하고 선택하는 일에 있어서 철저하게 하나님의 뜻을 구하는 귀한 믿음을 가진 신실한 종입니다. 또한 복잡한 도교를 연구하고 선교전략을 세울 수 있는 학문적 능력도 겸비한 선교사입니다.

이에 추천인은 중국을 사랑하는 이들, 중국인에 대해 깊이 있는 이해를 원하는 이들, 중국선교에 헌신한 이들에게 꼭 필요한 소중한 내용이라고 확신하며 이 책을 적극적으로 추천합니다.

김종구 선교사
(빌리온선교회 대표/ Ph. D.)

"지피지기면 백전백승(知彼知己百戰百勝)" 적을 알고 나를 알면 백 번을 싸워도 백 번을 이긴다는 이 말은 삼국지 전략의 결론이며 우리가 너무나 잘 알고 있는 말이다. 영적전쟁의 최전선인 선교에서는 더더욱 와 닿는 말이다.

주님의 지상명령인 "땅끝 복음화"는 하나님의 교회가 사탄이 지배하고 있는 이 세상을 향한 영적전쟁의 선전포고이다. 마귀는 이 영적전쟁을 통해 하나님의 백성과 교회를 무너뜨리기 위해 지금도 전략을 짜고 있을 것이다. 이러한 긴박한 시기에 우리는 하나님과 하나님이 통치하시는 하나님의 나라를 바로 알아야 할 뿐만 아니라 더 나아가 사탄과 사탄이 지배하는 세상을 아는 강한 전략이 필요한 때이다. 우리는 적에 대하여 잘 알 때 대항하여 싸울 바른 전략을 짜게 되며 그 전략에 근거해 싸울 수 있게 될 것이다.

영적전쟁의 최전선인 선교지에 있어서 사탄과 맞서 싸울 최고의 전략이 더더욱 필요하다. 그런 측면에서 중국을 가슴에 품고 영적전쟁을 치러야 할 중국 선교사님들에게 있어서 이 책은 중국을 바로 알기에 유익하고 바른 선교전략을 짤 수 있도록 도와주는 실제적인 전략서이다. 또한, 중국인의 정신세계에 지대한 영향을 미치고 뿌리 깊이 박혀 중국 전통문화의 일부가 되어버린 중국 토착종교인 도교에 관한 최고의 전문서적이다.

이주현 선교사의 "중국의 전통 종교 도교 세계관"은 실제적으로 중국인을 알고 이해하는 한편 그들에게 복음을 제시하는 데 있어서 가장 효과적인 선교용 교과서로도 유익하기에 중국을 가슴에 품고 기도하고 준비 중인 광주소래교회와 한국교회 그리고 선교사님들 모두에게 이 책을 꼭 읽도록 강권하고 추천하는 바이다.

이 책에는 이주현 선교사와 박현미 선교사의 "청춘", "눈물", "기도" 그리고 "하나님이 동행했던 중국의 삶 전부"가 녹아 있기에 광주소래교회를 대표해 마음을 모아 수고했다는 감사의 말을 전하고자 한다.

장현준 목사
(광주소래교회 담임목사)

목차

서론

제1부 중국 도교(道敎)

서론

제1장 문제 제기 및 연구 목적

우리는 현재 세계의 종교적 상황을 이해하는 것이 필요하다. 우리는 세계 종교 안에서 일어나고 있는 변화들, 그들이 기독교 신앙에 도전하고 있는 방식들, 그리고 모든 곳의 사람들의 마음과 정신과 다투는 다양한 세력들을 인식할 필요가 있다.[1]

도교는 약 14억 중국인들이 말하는 중국의 토착 종교이다. 도교사상은 중국의 전통문화와 함께 형성되었다. 일본이 신도의 원산지인 것 같이 도교는 중국이 원산지이다.[2] 도교는 중국 전통문화의 일부분이라고 해도 과언이 아니다. 도교 세계관은 중국인의 정신세계와 생활에 깊은 영향을 미치고 있다.

중국의 가장 큰 명절인 '춘지예(春節)'는 29.9억[3]의 인구가

---

1) 존 시먼즈, 『타문화권 복음전달의 원리와 적용』, 홍성철 역 (서울: 도서출판 세복, 1995), 17.

2) J. Herbert Kane, *Understanding Christian Missions* (Michigan: Baker Book, 1975), 196.

3) http://news.eastday.com/s/20190203/u1a14586197.html, 2019년 5월 27일.

이동하는 명절이다. 이 '춘지예'의 풍습에 중국인들도 모르고 있는 많은 풍습이 도교에서 온 것이다. 예를 들어 섣달 23일 (12월 23일)에 부뚜막 신에게 제사하고, 24일에는 대청소를 하고, 25일에는 옥황상제를 맞이하는 날이고, 30일에는 문신(門神)을 바꾼다. 밤에는 많은 신을 맞이한다. '춘지예'에는 신을 영접하고, 폭죽을 터트리고, 신년 2일에는 재물신에게 제사하고, 5일에는 다섯 길에서 오는 재물신과 관제(關帝)을 맞이한다. 8일에는 순황(본명성, 本命星)에게 제사한다. 9일에는 옥황이 탄생한 날이고, 또한 천계로 돌아가므로 보내는 예를 다한다. 13일에는 유맹(劉猛)장군(충왕, 虫王)에게 제사하고, 14일에는 자주고모(慈姑)를 맞이하고, 15일에는 상원천관(上元天官)이 탄생했으므로 상원절(上元節), 즉 원소절(原宵節)로 보낸다.[4] 이처럼 '춘지예'의 모든 과정에 도교의 신들에게 제사하고 도교의 문화 속에서 명절을 보내고 있다.

중국의 크고 작은 명절과 정치, 경제, 문화, 의학, 문학 등 모든 영역에 큰 영향을 주고 있다. 중국인의 세계관과 가치관, 행동원리에 있어서 도교는 가장 중요한 위치를 차지하고 있다. 이것은 도교의 수용 능력과 융합에도 그 원인이 있다. 유불(儒佛)의 중요한 도리를 도교에서도 볼 수 있다. 주장이 서로 다르지만 도교는 수용과 융합의 과정을 거치면서 더욱 체계화 되어 갔다. 이런 이유로 도교는 많은 것을 어우르는 방대한 사상체계를 이루었다. 또한 도교의 경전과 도교인의 저술을 집대성한

---

4) 周高德, "春節与道教信仰", 「中國宗敎」 2001年 1期, 48.

도장(道藏)도 방대해졌다. 중국에서 도교에 대한 연구는 이전 시대(특히 청말(淸末)에서 민국(民國)시기)까지는 미미했으나 현대에 들어서면서 많은 학자들의 관심 속에 체계적인 연구가 진행되고 있다.

본 연구의 목적은 중국 도교 세계관을 이해하여 복음의 효과적인 전달자가 되기 위한 전략을 세우고자 하는데 있다.

첫째, 중국에서 복음을 효과적으로 전파하기 위해서는 중국 문화를 이해하는 것은 필수적이다. 그리고 중국 도교 세계관 이해는 중국을 이해하는 첫 관문이 된다.

둘째, 중국 도교 세계관 이해를 바탕으로 효과적인 복음전파를 위한 선교전략을 세우는데 그 목적을 갖고 연구를 하고자 한다.

본 연구는 이런 연구 목적을 성취하기 위하여 세계관 분석, 세계관 변화, 선교전략 이론을 근거로 연구하고, 관계형성과 전도를 위한 접촉점 그리고 신자를 위한 성경공부, 신학교 교육 등의 선교전략을 제시하고자 한다.

제2장 연구사와 논지

세계관 연구는 현대에 와서 많이 연구가 되었다. 또한 기독교 세계관 자체에 관한 연구는 선교·인류학 분야에서 지속적으로 발전을 거듭해 왔다. 세계관 연구는 교차 문화적 입장에서 선교와 문화, 선교와 치유, 선교와 사회복지, 선교와 교회 성장을 많이 제기하여 왔다. 이제 선교 전략적 차원에서 세계관을 논할 때가 되었다.[5] 선교나 전도가 피상적인 복음 전달에 그치지 않고 사회와 문화의 변혁을 가져와야 한다.[6]

도교 세계관에 관한 선행연구를 보면 다음과 같다. 먼저 중국학자 짜오펑(趙芃)은 『도교자연관연구道敎自然觀硏究』에서 다량의 도경(道經), 사료(史料), 문헌 정리, 분석을 통하여 처음

---

5) 윤춘식, 『로마 가톨릭교회 세계관 이해와 중·남미 선교 전략』 (서울: 쿰란출판사, 2008), 35.

6) 마이클 고힌, 크레이그 바르톨로뮤, 『세계관은 이야기다』, 윤종석 역 (서울: 한국기독학생회출판부, 2014), 16.

20 (선교적 관점으로 본) 중국의 전통종교 도교 세계관

으로 도교 자연관의 기본 내용, 특징을 체계적으로 정리하였다. 또한 논리적인 체계 안에서 도교 자연관을 변증적인 세계관과 방법론이 포함되어 있는 풍부한 사상으로 표현하였다. 또한 도교 사상사 연구 중 처음으로 자연관적 기본 의미, 표현, 특징에 대하여 전면적인 정리와 귀납(歸納), 분석과 평가를 했다. 이를 통하여 수천 년을 걸쳐 생겨난 복잡한 도교 자연관 사상을 처음으로 비교적 완전한 체계 안에 넣어 사람들에게 내 놓았다.

쭈잔이엔(朱展炎)은 ≪도교세계관약론道敎世界觀簡論≫에서 논하길 도교는 세계에 대한 독특한 이해와 신학적인 시각을 가지고 있다고 한다. 세계의 유래의 문제에 있어서 도(道)가 기화(氣化)를 생성했다고 강조한다. 세계 가운데 존재하는 자들을 천・지・인・신선・귀신 등이라고 한다. 세계의 진화 과정으로 볼 때 도교에서 주장하는 것은 복고주의를 주장하며, 사회의 발전이 "도교가 다스리는 세상"에서 점점 멀어지고 있다고 한다. 그러므로 도교가 추구하는 이상세계는 태초에 있었던 '상고의 세상'이라고 믿고 돌아가려고 한다. 도교도들은 이것을 통하여 '무도(無道)'를 실현하고자 한다. 이런 도교 세계관을 네 가지 주제로 분석하여 정리하였다.

매영상(梅榮相)은 ≪면화교회의 현지화교 민간신앙집단에 대한 전도전략탐구緬華敎會向当地華人民間信仰群体布道策略之探究≫에서 도교신앙에 대하여 창조역사, 경전, 핵심교리와 신지(神祇), 예의(禮儀), 그리고 도교에 대한 평론과 복음전도에 대한 전략에 대해서 체계적인 정리를 하였다. 끝으로 또한 그는 도교를 믿는 사람들에게 복음을 전하는 전략에 대해서도 논하고 있다.

또한 한스 큉은 『중국 종교와 그리스도교』에서 중국 도교를 그리스도교와 비교하였다. 안점식은 『세계관을 분별하라』, 『세계관 종교 문화』 등의 저서에서 중국 도교의 개략적 소개와 전략을 제시하였다. 아직까지 도교 세계관에 대하여 많은 연구가 진행되지 않아서 중국 도교의 세계관 파악과 선교전략을 연구함에 있어 문헌연구의 한계가 있다.

이들의 저서와 연구는 오늘날 중국 도교 세계관을 알고 중국 도교 세계관을 가진 사람들에게 복음을 전하기 위한 전략을 세울 때 중요한 자료를 제공하고 있다. 특히 도교 세계관 연구는 미약하므로 도교를 체계적으로 연구하여 현대인에게 도교를 더 잘 이해 할 수 있도록 도움을 주고자 한다.

제3장 연구의 개요와 방법

1. 연구의 개요

중국의 사상과 문화는 아주 다양하고 지역적으로 많이 다르다. 도교는 전통문화와 민간 종교에 그 뿌리를 두고 있어서 중국인구의 92%를 차지하는 12억의 한족(漢族)의 세계관 형성에 지대한 영향을 미쳤다. 도교는 인도에서 전래한 불교를 수용하고 융합하였다. 그리고 유가(儒家)의 사상을 받아들여서 자신들의 이론체계를 견고히 하였다. 이처럼 도교는 중국의 민간종교, 불교, 유교와 민간문화를 총망라하여 집대성했다고 해도 과언이 아니다. 이러한 도교 세계관을 가진 중국인에게 효과적으로 복음을 전파하기 위해서는 선교전략이 필요하다. 중국선교 전략을 위한 도교 세계관 연구의 개요는 다음과 같다.

첫째, 이 논문의 중심 논제인 중국 도교 세계관에 대하여 상세하게 연구한다. 중국 도교의 연원(淵源)과 변천역사 그리고 세계관(자연관) 등을 연구한다.

둘째, 이런 연구를 통하여 중국 도교의 전반적인 내용과 세계관을 파악한 후에 성경말씀과 개혁주의 정통교리 그리고 ≪웨스트민스터 신앙고백서≫에 근거하여 중국 도교 세계관을 비교하고 비평한다. 또한 비판적 상황화에 관한 연구와 선교 신학자들의 견해를 고찰한다.

끝으로 이런 근거를 바탕으로 도교 세계관을 가진 사람들에게 효과적으로 복음을 전하기 위한 선교전략과 이미 예수 그리스도를 믿은 사람들에게 기독교 세계관 확립을 위한 세계관 변화전략을 제시한다.

이러한 선교전략의 연구를 통하여 불신자에게 그리스도의 구원이 선포되어 회개와 회심하도록 촉구하고 죄의 용서를 선언하며 그리스도의 지상 공동체의 살아있는 일원이 되어 성령의 능력 안에서 다른 사람들에게 봉사하는 삶을 시작하도록 초청한다.[7] 연구자는 이 연구를 통하여 세계관 연구의 일반상황과 도교 세계관에 대하여 깊은 이해를 갖고 선교전략을 세우고자 한다.

---

7) David J. Bosch, *Transforming Mission* (Maryknoll: Orbis Books, 1993), 10-11.

2. 연구방법

중국에 대한 연구는 역사, 정치, 경제, 문화 등에 걸쳐 다양한 분야에서 이루어졌고 지금도 계속되고 있다. 특히 중국의 정치와 경제 분야는 많은 연구와 책이 출판되어 있다. 이제 경제 대국이 된 중국에 대한 이해는 경제 분야에서 일을 하거나 사업을 하는 사람에게는 필수적이다. 그리고 세계경제와 중국경제에 영향을 미치는 중요한 요소가 바로 중국정치 상황이다. 이런 다양한 필요와 학문적인 관심에 따라 중국 연구는 더 한층 깊어지고 지속될 것이다. 지속적인 중국 연구가 진행되고 있으나 '중국인의 세계관', 특히 '중국 도교 세계관'에 관한 연구는 미미하다.

본 연구는 중국에서 생성되고 자라난 전통종교인 도교의 세계관을 이해하고자 한다. 이것은 중국과 중국인을 이해하는데 가장 필수적이기 때문이다. 이 연구를 위해서 먼저 중국의 역사를 알아야 한다. 중국인들은 스스로 5천년 역사를 갖고 있다고 한다. 도교는 이런 중국의 역사와 함께 형성되었다. 중국 고대의 자연과 사회, 그리고 인류가 일체화하게 된 근본적인 원인과 그 구조의 표준적인 형태는 중국 고대의 전통적인 사유(思惟)의 틀 안에서 생겨난 것이며, 중국 고대의 신귀(神鬼)관념은 고대 중국인의 원시사유(原始思惟) 속에서 생겨난 것이다. 그리고 직관적 경험에 근거한 중국식 과학기술은 고대 중국인의 지혜에서 비롯된 것이다. 이런 모든 것들이 서로 융합·침

투·혼합되고, 다시 세월의 흐름 속에서 정리·축적되어 중국식 종교라고 하는 도교가 생겨난 것이다.[8]

둘째로 중국 민간종교와 불교 그리고 유교에 대한 이해이다. 위에서 말한 것처럼 중국 도교는 중국의 역사와 함께한 종교로서 한나라 말기(AD25-220) 환제(桓帝)·영제(靈帝)에 패(沛)국의 장도릉(張道陵)이 도교를 건립했지만[9] 건립 전·후 유구한 역사를 통해서 형성된 다양한 사상의 집합체라고 할 수 있다. 그래서 도교 연구는 다른 종교에 비해 연구 발전에 어려움이 있었다. 도교 연구의 발전에 방해가 되었던 이유를 보면, 먼저 학계에서 도교연구를 가치가 없는 것으로 경시하는 풍조와 다른 하나는 복잡다단하고도 어려운 도교의 내용과 자료와 양과 질에서 찾을 수 있다.

도교는 중국 고대의 정령숭배적인 여러 가지 신앙을 기반으로 하고 그 위에 다른 많은 학설을 받아들인 복합체이기 때문에 유교·불교 양교를 포함한 다방면의 지식과 소양이 제대로 없으면 그 내용과 가르침을 올바르게 파악하기가 힘들다. 또한 그 분석에는 종교학적인 지식 또한 필요하다.[10]

중국 도교의 세계관 연구를 위해서는 중국 역사에 관한 문헌과 전통문화에 관한 문헌, 정치, 사회, 경제 그리고 도교의 고대·현대의 연구문헌을 연구해야 한다. 그 내용을 보면 다음과 같다.

---

8) 葛兆光, 『道敎와 中國文化』, 沈揆昊 역 (서울: 東文選, 1993), 191.

9) 南懷瑾, 『中國道敎發展史略述』(北京: 東方出版社, 2015), 26.

10) 구보 노리따다, 『道敎史』, 최준식 역 (서울: 분도출판사, 1990), 34.

첫째, 세계관 연구로는 폴 히버트의 『21세기 선교와 세계관의 변화』와 제임스 사이어의 『기독교 세계관과 현대사상』, 안점식의 『세계관 종교 문화』, 이승구의 『기독교 세계관이란 무엇인가?』등이 있다. 중국학자로는 짜오펑의 『도교자연관연구道敎自然觀研究』등의 문헌을 연구한다.

둘째, 중국 도교사(道敎史) 연구는 중국 역사와 함께 진행되므로 존 킹 페어뱅크 『신중국사新中國史』와 진청(陳淸)이 편집한 『중국철학사中國哲學史』를 참고하였고, 마오쫑찌엔(牟鐘鑒) 교수의 『신선을 꿈꾼 사람들의 이야기: 중국 도교사』와 일본학자인 구보 노리따다의 『도교사道敎史』, 허지산(許地山)의 『중국 도교사中國道敎史』 그리고 남회근(南懷瑾)의 『중국 도교발전사약술中國道敎發展史略述』등의 문헌을 연구한다.

셋째, 선교전략은 김성태의 『선교인류학: 선교와 문화』, 존 시먼즈의 『타문화권: 복음전달의 원리와 적용』, J. 마크 테리, J. D. 페인의 『교회와 선교사를 위한 선교 전략 총론』, 윤춘식의 『로마 가톨릭교회 세계관 이해와 중·남미 선교 전략』 등을 연구하여 선교전략을 세우고 제시하였다.

제1부
중국 도교(道敎)

유구한 역사를 가진 중국 도교를 이해하는 일은 쉬운 일이 아니다. 도교는 중국의 전통종교로 전통문화와 밀접한 관계 가운데 시작되었고 종교로 세워지고 발전해 왔다. 그러므로 도교를 이해하는 것이 중국을 이해하는 것이라고 해도 과언이 아니다. 도교는 유구한 역사를 가진 중국의 고대나 지나간 과거에 영향력을 행사했던 종교가 아니라 현대의 도교도 뿐 아니라 모든 중국인의 세계관 형성의 근거가 되었고 그 영향력을 행사하고 있다. 그럼 이제부터 중국 도교 이해에 들어가 보자.

제1장 중국 도교의 연원(淵源)

1. 도교(道敎)

도교는 중국에서 생겨나고 자라난 종교이다. 그러나 꽤 오랜 시간 동안 사람들에게 냉대를 받아 왔다. 중국 현대사의 저명한 사상가이자 혁명가인 루쉰(魯迅)은 1918년 8월 20일 쉬서우탕(許壽棠)에게 보낸 편지에서 "일전에 중국의 바탕은 완전히 도교에 있다고 말한 적이 있는데, 이 견해가 요사이 매우 유행하고 있습니다. 이렇게 역사를 읽어보면 많은 문제를 쉽게 해결할 수 있습니다."라고 말했다.[1]

노자의 『도덕경道德經』은 먼저 "도가도 비상도"(道可道 非常道)라는 말로 시작한다. 도(道)는 항상 불변하는 궁극적 실제가 아니며 궁극적 실제는 결코 정의에 의하여 제한될 수 없다

---

[1] 잔스창, 『도교문화 15강』, 안동준, 런샤오리 역 (경기도: 한영출판사, 2012), 45.

고 한다. 노자에게 있어서 도는 형상을 초월하며 인간의 감각
으로 잡을 수 없는 것이다. 『도덕경』 제25장에

어떤 게 뒤섞인 모양으로 형성되어 천지가 만들어지기 전에 이미 존재했
다. 그 소리도 들리지 않고 그 형체 또한 보이지 않는다. 조용하고 텅 비어있
으며 어떤 외부의 힘에도 의지하지 않고 스스로 영원히 존재하며, 끊임없이
순환하고 쇠약해지지 않아 만물의 어머니라 말할 만하다. 나는 그의 이름을
모른다. 가까스로 '도'라 부르고, 억지로 '대'라는 이름을 붙이기도 한다.2) 3)

란 구절이 있다. 노자의 주장에 따르면 도는 우주 만물의 어
머니이다. 도는 본체로서 영원히 변하지 않지만 끊임없이 운행
한다. 노자의 도는 인격적인 창조주가 아니라 비인격적 근원이
며 만물은 도의 자기 전개이다. 노자는 이것을 '도'는 일을 낳
고 일은 이를 낳고 이는 삼을 낳고 삼은 만물을 낳는다고 표현
한다. 도의 자기 전개가 곧 만물이다.4) 도가에서는 도에 대한
노자의 논의를 발판으로 하여 도를 자신들의 철학 체계에서 최
고의 범주로 삼았다. 이후 '도'가 늘 사람을 교화하는데 사용되
어 도와 교가 점차 서로 같은 자리에 붙어 있게 되었다.
　유가(儒家)는 요, 순, 우, 탕, 문왕, 무왕이 제정한 준칙을 도
(道)의 가르침으로 삼았다. 묵자(墨子)는 그 때문에 사람들이
게을러지고 본업에 적극적으로 종사하지 않게 되어 백성이 가

---

2) 정세근, 『노자 도덕경』 (서울: ㈜문예출판사, 2018), 110.

3) 有物混成, 先天地生, 寂兮寥兮, 獨立而不改, 周行而不殆, 可以爲天地母。
　　吾不知其名, 字之曰道, 强爲之名曰大°老子, 『道德經』「春秋」, 歐陽居士 譯 (北京:
　　中國畵報出版社, 2012), 90.

4) 안점식, 『세계관을 분별하라』(서울: 죠이선교회, 2015), 345-346.

난해지고 정치가 어지럽게 되었다고 비난했다. 묵자는 도교의 큰 뜻을 새롭게 펼쳐 민중에게 정치적 교화를 하는 것이 도교라고 생각하기도 했다. 그 후 도교조직의 구성원들에 의해 진정한 종교적 의의를 지닌 도교의 개념이 정립되었다. 이런 이해는 묵가의 생각과 다르다. 장릉(張陵)의 후손이 편찬한 『노자상이주老子想爾注』5)에서 지적하기를 유가에서 내세우는 도교는 바르지 못한 사이비 종교이며 유학자들이 믿고 있는 오경(五經)도 삿된6) 길에 들어섰다고 했다. 이 책에 실린 도에 관한 논의는 비록 『도덕경』에서 나온 것이지만 신비한 내용들이 추가되어 도가 인격화되었다. 이와 같은 개념을 가지고 형성된 종교가 도교이다.7)

2. 도교의 발생 근원

중국 도교는 유구한 역사를 가지고 있다. 중국 고대에 성행한 자연숭배와 귀신숭배는 모두 도교가 자생하는 토대가 되었다. 중국은 농업에 기반을 둔 나라이며, 농업에서 제사는 중요한 지위를 점유한다. 그러므로 사직단에 사직신(社稷神)을 모

---

5) 노자 『도덕경』에 대한 주석서이다. 도교초기의 교파인 오두미도(五斗米道)의 일부 철학과 내단(內丹)의 경전, 저자는 장릉(張陵)이나 손자인 장로(張魯)일 것으로 본다.

6) 보기에 하는 행동이 비르지 못하고 나쁘다.(邪)

7) 잔스촹, 『도교문화 15강』, 안동준, 런샤오리 역 (경기도: 한영출판사, 2012), 31.

시고 있다. 사기(史記)나 봉선서(封禪書)를 보면 "우 임금이 토지신에게 제사하는 것을 정비한 이래로 하늘과 땅에 대한 제사는 근본(所從來)을 숭상하는 것이다"라고 했다. 이외에 다양한 신들을 숭상하는 것이 오랜 세월을 거치면서 보편적인 민간신앙이 되었다. 이런 숭배대상들은 후에 대부분 도교에 흡수되어 도교의 존귀한 신들이 되었다. 도교의 발생 근원을 자세히 알아보면 다음과 같다.

첫째는 옛사람들이 신령을 숭배한 것은 복을 빌고 화를 면하기 위해서였다. 그러나 심오한 신령의 뜻을 알기 어려워 사람들을 대신해서 신령과 교통하는 무축(巫祝)이라는 종교적 직업이 탄생하게 된다.[8] 무축(巫祝)과 도교의 관계에 대하여 모종감(牟鐘鑒)은 "도교는 고대문화에서 근원한다."고 하면서 그 관계를 설명하고 있다.

> 무(巫)축(祝)복(卜)은 고대 사회에서 필수적으로 요구되는 직업으로서 여러 신들의 강림, 해몽, 예언, 기우, 의료행위, 별자리점 등의 수요를 충족시켜 주었다. 옛사람들은 질병의 발생을 악귀가 씌어 일어나는 것으로 보아 무당의 푸닥거리를 통해 해결할 수 있다고 생각했다. 이러한 이유로 부적과 주문으로 귀신을 쫓는 법술이 생겨났다. 『논어論語』「자로子路」에 "남방 사람들의 격언에 '사람이 꾸준함이 없으면 무의(巫医)조차도 될 수 없다' 하였다"라는 말이 있고, 『여씨춘추呂氏春秋』「물궁勿躬」에 "무팽(巫彭)을 의사로 삼았다."라는 말이 있는데 이를 통하여 고대에는 의사와 무당이 불가분의 관계였음을 알 수 있다. 후대에 도교에서 행하던 부적을 태워 섞은 물을 통해 병을 치료하고 기도를 하고 주문을 외우는 것이 모두 여기에서 기인한 것이다.

---

8) 牟鐘鑒, 『중국 도교사-신선을 꿈꾼 사람들의 이야기』, 이봉호 역 (서울: 예문서원, 2015), 17-18.

도교는 이러한 무속의 풍습을 직접적으로 계승하여 일어난 종교이다.[9]

둘째는 초기 도교는 전국시대부터 진·한 시대에 이르기까지의 신선(神仙)전설과 방사들의 방술에 기원을 두고 있다. 신선의 최대 특징은 그 형상이 보통사람과 동일하지만 장생불사한다는 점과 자유롭게 소유하면서 신통력이 무한하다는 점을 들 수 있다. 신선숭배는 도교신앙의 핵심으로 다른 종교의 교의와 가장 큰 차이를 보이는 게 도교의 특징이다. 신선전설의 기록인 『장자莊子』[10]에 나오는 신인(神人), 지인(至人), 진인(眞人), 성인(聖人)에 관한 글들은 신선의 형상에 관한 생동감이 있는 기록이다.

『전국책戰國策』[11]「초책(草册)」에는 어떤 사람이 불사약을 형왕(荊王)에게 봉헌하였다는 기록이 있고 다른 저술에서도 같은 기록이 보여진다. 특히 북방의 연나라와 제나라 일대에서 아주 성행했다. 이후에 진시황(秦始皇)이 천하를 통일한 후에 방사(方士) 노생(盧生)의 건의에 따라 함양궁(咸陽宮)을 건설하고 신선진인이 내려오길 바라고 또한 서복(敍福)을 선출하여 500명의 동남동녀와 함께 바다로 파견하여 단약(丹藥)을 구해

---

9) 牟鐘鑒, 『중국 도교사-신선을 꿈꾼 사람들의 이야기』, 19-21.

10) 도교학파의 주요대표인물로 동주(東周)전국중기(戰國中期)의 유명한 사상가, 철학가, 문학가. 중국의 중요한 철학학파의 장학(莊學), 선진칠자(先秦七子) 중의 하나이다.

11) 국별본(國別本)사학(史學)저작, 서주(西周), 동주(東周)와 진(秦), 제(齊), 초(礎), 조(趙), 위(魏), 한(韓), 연(燕), 송(宋), 위(衛), 중산 각국의 일을 기록하였다. 기록연대는 전국초기에서 진나라가 여섯 나라를 멸망시킨 때까지의 240년간이다.

오게 하였으나 방사의 속임수로 결과는 없었다.[12] 그러나 이때의 신선방술은 아직 도가의 이론과 결합하지 않았고, 또 통일된 교주와 조직이 없이 분산되어 신선활동을 하고 있었을 뿐이다. 이후 신선전설과 신선방술은 도교 단정파(丹鼎派)의 직접적인 연원(淵源)이 된다. 전체 도교의 핵심적인 교의가 되는 장생성선설(長生成仙說)은 도교의 탄생과 가장 밀접한 관련이 있다.[13]

셋째는 초기도교는 선진시대 노장철학과 진한시대 도가학설에서 유래하였다. 노장사상과 진한대의 도가는 모두 학파이지 종교가 아니며, 『노자』, 『장자』, 『열자列子』[14], 『회남자淮南子』[15] 등의 책은 모두 학술서적이지 신학의 경전이 아니다. 그러나 도교는 이론적 측면에서 도가에 긴밀하게 의존하고 있다. 도가의 '도'는 만물을 있게 하는 근원이고 시간과 공간을 넘어선 불변하는 존재이며 우주의 본체이다.[16] 도교는 이러한 도의 초월성과 절대성에서 한 걸음 더 나아가 도를 무한한 권능을 가진

---

12) 南懷瑾, 『中國道敎發展史略述』(北京: 東方出版社, 2015), 17.

13) 牟鐘鑒, 『중국 도교사-신선을 꿈꾼 사람들의 이야기』, 25.

14) 『列子』는 열자가 저술한 책이다.. 열자는 전국전기(戰國前期) 사상가, 도가사상의 대표적 인물, 기본사상은 황제노자, 청정무위(淸靜无爲)를 주장하였다. 후세의 철학, 미학, 문학, 과학기술, 양생, 음악, 종교에 아주 깊고 오랜 영향을 주었다. 그의 대표적인 저서 『列子』 통하여 선진철학파인 귀허학파(先秦哲學學派貴虛學派)를 창립하였다. 노자와 장자 사이에서 도가학파를 계승한 중요한 인물이다.

15) 『淮南子』는 서한황족인(西漢皇族) 회남왕 유안(淮南王劉安)과 그 문객들이 쓴 철학저서이다. 잡가작품에 속한다. 선진도가사상(先秦道家思想)의 기초위에 음양, 묵(墨), 법(法)과 일부의 유가사상을 융합했다. 그러나 주요사상은 도가사상이다.

16) 구보 노리따다, 『道敎史』, 최준식 역 (서울: 분도출판사, 1990), 68.

전지전능한 지상신(至上神)의 대명사로 파악했다. 노자는 도가의 창시자이지만 도교는 도가를 받아들이는 과정에서 자연스럽게 노자를 높여 자신들의 교주인 존귀한 신으로 받들었다. 이때 그들은 노자를 신화화하고 노자의 책을 받들어 학습하였는데, 이것이 초기도교가 탄생하게 된 중요한 지표이다.[17]

넷째는 초기도교는 사회화 과정에서 필수 요소인 윤리도덕을 유가와 묵가라는 기존의 사상을 선택적으로 정리하고 개조해서 윤리이론을 만들어 사용했다.[18] 초기의 도교신학은 모두 예교(禮敎)를 유지하는 것을 첫 번째 교계(敎戒)로 삼았다. 가령 『태평경』은 '도'를 행하기 위해 충군(忠君), 효친(孝親), 경장(敬長)을 강조하였고, 『노자상이주』에서도 역시 충·효·인·의를 긍정하였다.

전국시대에 추연(騶衍)[19]으로 대표되는 음양오행(陰陽五行) 사상은 진한교체기, 즉 순자(荀子)시대[20]에 광범위하게 유포되어 도가·유가와 방사들 사이에 공통으로 흡수되었다. 초기 도교 경전 속에 음양오행의 사고방식이 충만하였다. 가령 『태평경』은 음양으로 자연을 관찰하여 "천지의 본성은 반은 음이고 반은 양이다."라고 하였고 『주역참동계周易參同契』는 괘(卦)와 효(爻)에 음양오행을 배당하여 연단과 약물, 화후(火候)를 설명

---

17) 牟鐘鑒, 『중국 도교사-신선을 꿈꾼 사람들의 이야기』, 25-27.

18) 잔스촹, 『도교문화 15강』, 안동준, 런샤오리 역 (경기도: 한영출판사, 2012), 73.

19) 전국말기 제국인(戰國末期齊國人)으로서 음양가의 대표적인 인물로 오행의 창시자이다.

20) 許地山, 『中國道敎史』(山東: 山東文藝出版社, 2018), 77.

38 (선교적 관점으로 본) 중국의 전통종교 도교 세계관

하고 있다. 또한 『황정경黃庭經』은 오장을 오행에 배당하여 음양의 기로써 신체를 단련하게 한다. 음양오행설은 내·외 단학의 중요한 이론적 근거인 것이다.[21]

다섯째는 도교의 양생학은 사람과 천지가 대응한다는 시각에서 양생의 도리를 파악해 그 이론적 체계를 세웠으며 양생에는 생명의 주체의식을 담고 있다.[22] 수련양생은 육체적 건강을 초보적인 수련으로 삼기 때문에 양생과 신체적 건강을 중시한다. 그러므로 고대 의학과 약학 및 양생학의 사상을 주의 깊게 흡수하여 자양분으로 삼는데, 이러한 방면의 지식은 고대로부터 충분하게 누적되어 있었다. 『장자』「각의刻意」편에는 '도인법을 하는 사람, 육체를 단련하는 사람'에 관한 기록이 있는데 이는 초기 기공(氣功)에 관한 내용이다.

『삼국지』「화타전華佗傳」에서는 "고대 신선은 도인을 일삼고 곰 동작과 올빼미 동작을 하며 허리를 늘이고 관절을 움직여서 늙지 않게 한다." 라고 설명하고 있다. 도인행기법과 벽곡법은 서로 배합된다. 이것이 도교 내단학에 흡수되어 정(精)을 쌓고 기(氣)를 누적하는 중요한 방법을 이룬 것이다. 이외에 고대 의학경전이 도교 양생학의 근원 중의 하나가 되었고 방중술도 양생학의 하나가 되었다. 내단에서 중시하는 기공(氣功)은 도교 내단학의 발전과 더불어 크게 기공학의 발전을 촉진시킴으로써 중국 전통 양생학설의 중요한 성분이 되었다.[23]

---

21) 牟鐘鑒, 『중국 도교사-신선을 꿈꾼 사람들의 이야기』, 30.
22) 잔스촹, 『도교문화 15강』, 371.

이상에서 보는 것처럼 도교에는 형초(荊楚)문화(노장사상)와 연제(燕齊)문화(신선사상), 양생법이나 수련법이 흡수되고 정리되어 하나의 체계를 갖추게 되었다. 이외에도 후기에 오두미도(五斗米道)에 이르면 파촉(巴蜀)문화[24]가 더해진다. 도교는 이런 근원을 가지고 발생하게 되었다.

3. 도교 철학에 대한 이해

노자는 중국 고대 철학사상의 선구자이다. 도교에서는 이런 노자를 창시자로 모시고 있다. 또한 그의 심오한 사상을 근거로 이론의 기초와 수련의 근본으로 삼고 있다.[25]

중국에서 '도교 철학'이라는 항목이 사전에 기록된 것은 1995년 후푸천(胡孚琛)의 『중화도교대사전』을 편찬한 때부터 생겼다. 도교 신학의 이론적 기초가 되는 도교 철학은 진시황 이전의 노(老), 장(莊), 양(楊), 열(列)의 도가 사상에서 발전해 온 것이다. 후푸천은 도교 철학이 도가의 황로학(黃老學)에서 방술화·종교화된 것이라 생각했다. 도교 철학이 방술로 변해 이를 수련하고 체험할 수 있는 실천철학이 되었다.

---

23) 牟鐘鑒, 『중국 도교사-신선을 꿈꾼 사람들의 이야기』, 32.

24) 파촉은 사천분지와 부근지역을 말한다. 중국서남지역으로 사천과 중경 부근을 포함한다. 오늘날의 쓰촨성 중동부와 중경 대부분 그리고 산시남부, 후베이성 남쪽 등 지역, 한족이 주민의 대부분이다.

25) 陳清, 『中國哲學史』(北京: 北京語言文化大學, 2001), 19.

그로부터 2년 뒤 루궈룽(盧國龍)는 『도교 철학』을 저술했으며 그 관점은 다음과 같다.

> 도교 철학은 중국 전통 철학의 유기적 구성 가운데 한 부분이고, 전통 철학의 큰 시스템 가운데 하나의 작은 시스템이다. 중국의 전통 철학은 거대한 인류문명 체계의 이론적 응결체로서 독특한 사상과 주제가 있다. 도교는 이런 사상과 주체를 천명하는 일종의 이론적 형태이자 동시에 그런 주체를 놓고 깊이 생각하는 탐색 과정이다.[26]

도교 철학의 정의는 왕밍(王明)이 『중국 대백과전서』「철학」권에 쓴 내용을 인용하고 루펑즈(呂鵬志)의 합리적 사고를 수용했다.

> 도가 철학은 선진(先秦) 도가의 이론을 기초로 하여 도를 우주 만물의 본원으로 삼는 일종의 종교철학이다. 후한 말기에 틀이 갖추어지기 시작해서 역사의 진행 과정에서 끊임없이 쇄신 발전해 완성되었고 도교 철학은 수도(修道)를 통해 선인이 된다는 사상의 근거를 제공한다.[27]

이 정의는 두 가지 방면으로 설명할 수 있다. 첫째는 종교철학적인 설명으로 독일 철학자 헤겔은 『종교철학』에서 종교철학의 이론적 측면을 개괄한 바 있다. 그 내용을 근거로 도교를 보면 자연히 결과가 서로 다른 두 가지 철학이 나온다. 하나는 도교 신앙의 철학 이론적 기반을 제공하는 종교철학이고, 다른

---

26) 잔스촹, 『도교문화 15강』, 안동준, 런샤오리 역 (경기도: 한영출판사, 2012), 250.

27) 잔스촹, 『도교문화 15강』, 252.

하나는 철학의 이성적 사유에 따라 도교를 자세히 고찰함으로써 형성된 종교철학이다. 철학의 기본적 문제를 모두 갖추어야 구체적인 연구대상이 존재한다. 그 구성은 본체론과 우주론, 생명론, 인식론, 방법론 등이다.

둘째는 도교 철학의 정의를 내릴 때 반드시 종차(種差)를 충분히 이해해야 한다. 도교 철학은 다른 종교철학과 다르다. 처음부터 진시황 이전 시대의 도가 이론을 기초로 삼아서 그 자체로 본체론, 우주론, 인식론 등과 같은 사상 체계를 형성했다. 뿐만 아니라 도(道)를 우주 만물의 본원으로 간주해 모든 이론적 체계의 핵심적 개념으로 삼았다. 노자는 이렇게 말한다.

> 혼돈 속에서 이루어지는 것이 있으니 이는 천지보다 먼저 생겼다. 적적하여 소리도 없고 의미하여 모양도 없으나, 어느 것에나 기대지 않고 어느 것으로도 변하지 않으니 두루 행하되 잠시도 쉬지 않으니 천하의 어머니라 할 만하다. 내 그 이름을 모르니 '도'라고나 하자.[28]

'도'라는 물건은 오로지 황홀하다. 황홀한 가운데 모양을 갖추고 황홀한 가운데 물체가 있다. 그윽하고 어두컴컴하지만 그 속에 정기가 있다. 그 정기는 몹시 참되고 그 속에 믿음이 있다.[29]

노자가 생각하는 '도'는 형태와 소리가 없고 이름도 없으며

---

28) 정세근, 『노자 도덕경』 (서울: ㈜문예출판사, 2018), 110.
   有物混成, 先天地生, 寂兮寥兮, 獨立而不改, 周行而不殆, 可以爲天地母˚
   吾不知其名, 字之曰道
29) 정세근, 『노자 도덕경』, 95.

'도'는 객관적 시간과 공간적 시간에 존재하는 구체적인 사물이 아니라 시공의 경계를 벗어나 있다. 감성적 지각의 범위를 초월해 지극한 포용성과 안정성을 지닌다. '도'는 서양철학에서 말하는 순수이념이나 절대 정신이 아니다. 하나의 형이상학적 '실존자'이다.[30]

도교도들은 단순한 생각에서 도를 중심으로 한 본원론을 전개하지 않는다. 그들이 이런 이론을 구축한 것은 수련을 통해 신선이 되고자 하는 종교적 실천을 위해서이다. 이러한 사상은 오두미도의 경전인 『노자상이주』[31]에서 이렇게 말하고 있다.

> 도는 삶을 베풀어 선행을 장려하고 죽음을 설정하여 악행에 압력을 가한다. 죽음은 사람이 두려워하는 것이다. 수행인과 속인은 모두가 죽음을 무서워하고 삶을 좋아하지만 그 행동은 다르다. 속인들은 많지만 죽음에서 벗어나는 이는 없다. 속인들은 비록 죽음을 무서워하지만 도를 믿지 않고 나쁜 짓만 하니 어찌 죽음에서 벗어날 수 있으랴. 수행인은 죽음을 두려워 하지만 도를 믿고 계율을 지킨다. 따라서 삶과 잘 어울린다.[32]

『노자상이주』에 따르면 인간 세상의 생사 문제는 모두 도(道)에 달렸다. 이처럼 도교는 바로 이런 점에서 다른 종교철학과 구별된다.

---

30) 잔스촹, 『도교문화 15강』, 257.

31) 『노자상이주老子想爾注』는 노자 『도덕경』의 해석본이다. 장도릉의 저작이며 도교초기 교파인 정일맹위도의 일부 철학과 단경의 경전으로 천사가학(天師家學)을 위한 것이다. 장도릉은 도교의 창시자이다.

32) 잔스촹, 『도교문화 15강』, 259.

제2장 중국 도교의 역사변천

1. 도교의 시작

a. 『태평경』에서 부록파(符籙派) 도교까지

『태평경』은 현전하는 최고(最古)의 도교 경전이다. 그 전신은 서한 성제 때 제나라 사람 감충가(甘忠可)가 지은 『천관력포원태평경(天官歷包元太平經)』12권이다. 도교의 특징을 제대로 갖추고 있는 사회개량 이론서였다.[33] 감충가는 하늘의 뜻을 그대로 계승한 종교철학의 체계를 세웠다. 진인(眞人)이 명을 받들어 하늘의 뜻을 전달하는 것과 군권신수(君權神授) 사상을 결합시켜 당시의 정치적 위기를 극복하려고 시도했다.[34]

---

33) 牟鐘鑒, 『중국 도교사-신선을 꿈꾼 사람들의 이야기』, 이봉호 역 (서울: 예문서원, 2015), 34.

34) 잔스촹, 『도교문화 15강』, 안동준, 런샤오리 역 (경기도: 한영출판사, 2012), 101.

『태평경』의 사상은 아주 복잡다단하다. 진시황 이전 시대 도가의 우주론에 기초해, '태평'이라는 정치적 이상과 '삼통상합(三通相合)'이라는 자연과 사회의 질서를 제창하고 있다. 『태평경』은 천도관(天道觀)에 기초해 태평의 정치사상을 설명하고 있다. '화(和)'를 강조한 것은 한나라 말기에 '불화'의 상황이 존재했기 때문에 특별히 '화합'의 가치를 설명한 것이다. 공평하면 불화가 존재하지 않는다. 동시에 생명주의를 제창함으로써 사람들을 격려하고 수행의 길로 나아가게 했다.[35]

부록파는 부록(符籙)을 포교의 주요 수단으로 삼는 도교의 교단 조직을 가리킨다. '부(符)'의 본래 뜻은 서로 합친다는 것이다. 방사(方士)들은 천신(天神)이 '부'나 '도'(圖) 또는 전문(篆文)을 가지고 있다고 한다.[36] 이를 도사에게 부여하면 도사가 귀신을 부리는 권력을 갖게 된다. 이는 붉거나 검은 먹물로 점과 선을 같이 사용해서 그린 신비한 형상에 지나지 않는다. 이 형상은 글자와 그림이 뒤섞여 있고 곡선이 주가 되는데, 귀신을 부리고 병을 치료하며 재앙을 쫓는 등 여러 기능을 가졌다. 한편 '록'(籙)은 원래 기록용 장부라는 뜻이다. 도교에서 '록'은 신과 통하는 하나의 부호이다. '록'은 붉은 글로 신과 통하는 방식이다. 초기도교 교단조직인 태평도와 오두미도는 모두 부록파이다.[37]

---

35) 잔스촹, 『도교문화 15강』, 102.

36) 文史知識編輯部, 『道教与傳統文化』 (北京: 中華書局, 2016), 320.

37) 잔스촹, 『도교문화 15강』, 104.

b. 『주역참동계周易參同契』와 금단파 도교

도교 금단파는 『주역참동계周易參同契』[38]의 이론에서 비롯되었다. 금단의 학문은 중국 고대의 무의(巫醫) 전통에 그 기원을 둔다. 고대인들은 '약물'로 병을 치료할 수 있을 뿐만 아니라 "금은 그 무거움을 잃은 적이 없다." 는 말에 따라 금을 먹으면 연년익수는 물론 심지어 장생불사 할 수 있다고 믿었다.[39] 춘추 전국시대에는 사회적으로 재력과 부가 증가함에 따라 국가 차원에서 신선을 찾거나 불사의 약을 구하려는 활동이 매우 빈번했다. 진시황은 육국(六國)을 통일한 뒤에 여러 번 사람을 바다로 파견해 불사의 약을 구하려고 했다. 한나라 무제는 진시황의 신선방술에 대한 취미를 이어받아 신선방술의 진흥책을 강구했다.[40]

『참동계』는 위백양(魏伯陽)[41]에 의해 쓰였다. 『참동계』는 도교 초기에 심대한 영향을 미친 책으로 그 특징은 첫째로 도교의 단정[42]학설의 기본이론을 기초로 지어졌고, 단경의 비조(鼻祖)로 칭해져서 후대 외단학설에 지대한 영향을 미쳤다. 둘째

---

38) 『주역참동계』는 흔히 『참동계』라고 약칭한다. 이 의미를 주희는 다음과 같이 설명한다. "참(參)은 잡(雜)이고 동(同)은 통(通)이며, 계(契)는 합(合)이다. 『역(易)』의 이론과 통하고 뜻이 부합한다고 하여 … 『참동계』라 한다.

39) 葛兆光, 『道敎와 中國文化』, 沈揆昊 역 (서울: 東文選, 1993), 159.

40) 잔스촹, 『도교문화 15강』, 안동준, 런샤오리 역 (경기도: 한영출판사, 2012), 111.

41) 팽효의 『주역참동계분장통진의서(周易參同契分章通眞義序)』에 보면 다음과 같은 기록이 있다. "위백양은 상우(上虞) 사람이다. 시율(詩律)에 정통하고 문장이 화려하며, 참됨을 닦고 기르는데 뜻이 있었다. 『주역』을 모방하여 『참동계』를 지었는데 환제 때 같은 군(郡)의 순우숙통(淳于叔通)에게 전수 했다."

42) 연단을 제련하여 복식함으로써 신선이 되고자 하는 도교의 한파의 학설

로 『참동계』는 성대의 리학자들에게 중시되어 주희는 이 책을 주석한 『주역참동계고이周易參同契考異』를 지었다.[43] 그리하여 도교에서 역(易)을 해설하고 이용하는 새로운 길을 개척해 금단파 교단조직으로 하여금 사상적 토대를 다지게 하였다.

c. 위진남북조(魏晉南北朝) 시대의 도교

이 시대 통치자들 가운데 많은 사람들이 도교신앙을 가졌다. 단지 자신의 입지를 튼튼히 다지기 위해 강대해진 도교조직에 정면으로 대처할 수밖에 없었던 것이다. 한편에서는 제어하고 진압하는 수단을 취하고, 다른 한편에서는 영향력 있는 도교지도자들을 농락했다. 손책(孫策)[44]은 한나라 말기에 황건적 봉기가 일어나자 적극 대처한 대표적인 인물이다.[45]

조조의 출세는 황건적의 봉기를 진압하는 데서 비롯되었다. 그는 항복한 같은 지방의 황건적 30여 만을 중심으로 하여 청주병(靑州兵)을 만들었다. 황건적은 도교의 색채를 띠지 않았다.[46] 그러나 조조의 영향으로 대다수의 제왕들은 도교의 민간봉기나 포교활동을 방지하였다. 서진(西晉)시기에 일어난 진서(陳瑞), 이특(李特), 이웅(李雄) 등의 민중봉기도 모두 도교조직

---

43) 牟鐘鑒, 『중국 도교사-신선을 꿈꾼 사람들의 이야기』, 이봉호 역 (서울: 예문서원, 2015), 52.

44) 삼국시대 오나라를 세운 손권(孫權)의 형이면서 후한 말기의 유력한 군웅의 한 사람

45) 잔스촹, 『도교문화 15강』, 안동준, 런샤오리 역 (경기도: 한영출판사, 2012), 116.

46) 구보 노리따다, 『道敎史』, 최준식 역 (서울: 분도출판사, 1990), 135.

의 형태를 취했고, 통치자에 의해 무자비하게 진압되었다. 이 반면에 손권이나 조조는 신선으로 받들어지는 고급 도사들과 기꺼이 사귀었다. 오나라 왕 손권은 금단파의 계승자 갈홍의 종조(從祖)인 갈현과 밀접하게 교제했다. 손권은 갈선공을 경외했다. 촉나라 유비도 도가 높은 도사를 매우 존경하였다. 오나라를 공격할 때 이의기(李意期)에게 청해 미래사를 점치도록 한 적이 있었다.[47]

위진(魏晉)시대 천사도는 점점 상층화되어 가는 특징을 보인다. 생명에 대한 애착과 향락에 대한 추구가 사대부들을 도교에 끌리게 했다. 사대부들이 필요한 세계의 해석과 인생의 철리를 도교가 논술해 주었다. 그리하여 도교는 예전과 비교할 수 없을 정도로 신속하게 발전하였다.[48] 상청파(上淸派)는 이 시기에 나타난 대표적인 신도교이다. 『상청경』은 364년 세상에 내려와 하나의 새로운 경전이 되었다. 이 경전은 도교신자들의 손을 거쳐 문자화 되고 전수되었다. 이런 전수과정을 통하여 계파를 형성하게 되었다.[49]

이 시기에 또 다른 도교 유파, 곧 영보파가 형성되었다. 『영보경靈寶經』에서 그 이름이 유래하였다. '영보'는 도교에서 세 가지 뜻이 있다. 하나는 정기(精氣), 또 하나는 인격화된 신을 말하고, 마지막은 신의 뜻을 전하는 문고(文誥)를 가리킨다.[50]

---

47) 잔스촹, 『도교문화 15강』, 안동준, 런샤오리 역 (경기도: 한영출판사, 2012), 117-118.

48) 葛兆光, 『道敎와 中國文化』, 沈揆昊 역 (서울: 東文選, 1993), 184.

49) 잔스촹, 『도교문화 15강』, 120.

위진 교체기에 등장한 누관파(樓觀派)[51]도 비교적 큰 세력을 가졌다. 전설에 의하면 누관은 관령 윤희가 도가의 시조인 노자를 모시다가 『도덕경』을 쓰도록 한 장소이다. 누관파의 주요 경전은 『도덕경』이다.[52]

2. 도교의 발전

a. 수당시대 도교의 발전

수당시기에 도교는 왕성한 발전의 추세를 보여 준다. 내부적으로는 도교 자체의 질적 비약에 있었고 외부적으로는 통치자의 후원이라는 사회 환경이 형성되었다.[53] 먼저 수당시기의 통치자와 도교의 관계를 알기 위해 도참(圖讖)[54] 문제를 볼 필요가 있다. 수당 교체기에 정권이 바뀌는 사회적 변동으로 인해 도참설이 세상에 성행했고 정권에 관심이 있는 인물들이 도참을 이용했다. 수나라 개황 초년에 양견(楊堅)이 "백의천자(白衣天子)가 동해에서 나왔다"라는 도참을 믿고 도를 섬겼다.[55]

---

50) 잔스촹, 『도교문화 15강』, 123.

51) 이 이름은 활동 근거지인 산시성 주지현(周至縣) 누관대(樓觀臺)인 데서 얻어졌다.

52) 잔스촹, 『도교문화 15강』, 126.

53) 牟鍾鑒, 『중국 도교사-신선을 꿈꾼 사람들의 이야기』, 이봉호 역 (서울: 예문서원, 2015), 140.

54) 도참이란 부도(符圖)와 참어(讖語)를 합해서 일컫는 것이다. 그 내용은 부명(符命)을 알리는 것이다. 형식상 대부분 글자 모양의 분리와 조합, 그리고 은유의 방식을 취하고 있다.

도교의 발전을 보면 도교는 새로운 조직을 더 내세우지 않고 내실을 기하면서 발전을 도모했다. 수당시기 도교의 주요 유파였던 모산종은 도홍경 이후 빠른 속도로 발전해 뛰어난 도사를 배출하였는데 저명한 도사로는 왕원지(王遠知),[56] 반사정(潘師正),[57] 사마승정(司馬承禎)[58] 등이 있다.[59] 왕원지는 모산파의 교단 세력을 신장시키려고 양제(煬帝)의 부름에 응하였다.[60]

북주시대 이후로 누관파는 날로 번창하여 수당에 접어들어 전성기에 이르렀다. 당시 기휘(岐暉)[61] (558-630)라는 도사가 누관파의 전성기를 여는데 기여했다. 누관파의 사상적 지향점은 노자학의 중현(重玄) 이론을 밝히는데 주력했다.[62]

천사도의 경우를 보면 천사도는 도교 법술인 부록법을 관장

---

55) 잔스창, 『도교문화 15강』, 127.

56) 왕원진은(530-630) 일명 원지라고도 한다. 자가 광덕(廣德)이고, 본적은 산동성에 속한 낭야 임기(臨沂)였는데 나중에 양주로 이사했다. 수나라 개황 12년(592) 당시 아직 진황 신분인 양광이 양주를 장악하고 있을 때 사람을 보내 왕원지를 불렀으며, 황제의 지위에 오른 후 대업 7년(611)에 최봉거(崔鳳擧)를 파견해 왕원지를 모셔서 임삭궁(臨朔宮)에서 그를 만났다고 한다.

57) 반사정(586-684)은 자가 자진(子眞)이고, 패주(貝州) 종성(宗城) 사람인데 관원 가문 출신으로 어릴 때부터 육경을 숙독했으며 어머니에게 『도덕경』을 전수받았다. 당(唐) 고종과 반사정이 중악(中岳) 소요곡(逍遙谷)에서 나오는 대화를 보면 두 사람의 관계가 보통이 아님을 짐작할 수 있다.

58) 사마승정(647-735)은 자가 자미(子微), 법호는 도은(道隱)인데 지금의 허난성 온현(溫縣) 사람으로 진(晉)의 팽성왕(彭城王) 권(權)의 후예이다. 그는 스스로 백운도사라 했으며 무측천, 예종, 현종 등 내노라하는 당나라 황제에게 중용되었지만 모두 사절했다.

59) 잔스창, 『도교문화 15강』, 131.

60) 구보 노리따다, 『道敎史』, 최준식 역 (서울: 분도출판사, 1990), 223.

61) 기휘(557-630)는 북조에서 수당간의 도사이며, 경조(京兆) 오늘날 산시성 시안시(西安市) 사람이다. 후에 평정(平定)으로 이름을 고쳤다. 북조무제(천화5년)에 도교에 입문했다. 수나라 초(583)에 누관파의 도법사에게 사사받고 수(隋)말기까지 누관도의 주지였다.

62) 잔스창, 『도교문화 15강』, 134.

하는 중심체로서 위진시기 이후 광범위한 지역에 걸쳐 수많은 신도들을 확보했다. 그 자손들은 용호산(龍虎山)에 와서 제자를 거두어 널리 전교 활동을 했다. 이 무렵 경전을 연구하는 오균(吳均), 두광정(杜光庭)[63] 등의 도사들이 점점 증가하고 정치 사회적 왕래도 빈번해졌으며 이론적 탐구도 본격적으로 전개되어 도교조직이 크게 발전했다.[64]

b. 송원(宋元)이후 북방의 신도교

북송 말에 여진족과 몽골족이 중원에 진입함에 따라 심각한 민족적 계급적 압박이 초래되었다. 몰락한 일부 유생들은 격변하는 시대에 정신적 위안거리를 찾아 도문에 들어와서 도교를 혁신하므로 백성들에게 새로운 정신적 피난처를 제공했다. 북송 말기와 금원 사이에 북방에서 일어난 신도교는 태일도, 진대도교, 전진도가 있다.

태일도의 창시자는 소포진(蕭抱珍)[65]이며, 태(太)는 최고를 뜻하고 일(一)은 출발점이나 시원(始元)을 의미한다. 소포진이 창립한 도교의 신학적 특징은 우주의 주재자로서 태일신의 신격을 확립하고 이를 하늘에서 내려와 생명을 구제하는 지상신(至上神)으로 삼은데 있다.[66] 교세 확장을 하는 과정에서 태일

---

63) 车鐘鑒, 『중국 도교사-신선을 꿈꾼 사람들의 이야기』, 이봉호 역 (서울: 예문서원, 2015), 154.

64) 잔스촹, 『도교문화 15강』, 135.

65) 소포진(蕭抱珍) (1067-1166)은 금초 태일도의 창시자이다. 그는 원승(元昇)이라고도 하며 급군(汲郡) 사람이다.

66) 잔스촹, 『도교문화 15강』, 136-137.

을 기본 틀로 삼아 교리의 내용을 끊임없이 보완하고 변혁했다. 또한 『도덕경』의 유약 사상에 비추어 이를 처리하는 원칙을 세웠다.

진대도교(眞大道敎)는 허베이에서 시작된 신도교이다. 원래 대도교였는데 북송 말기에서 금나라 초기 사이에 유덕인(劉德仁)[67] (1122-1180)이라는 사람이 창립했다.[68]

전진도(全眞道)[69] 역시 금나라 초기에 북방에서 일어난 하나의 신도교이다. 창시자는 왕중양(王重陽)[70]으로[71] 그가 도교의 여러 사상을 계승했지만 몇 가지 변혁을 시도했다. 먼저 내세의 평안을 말하고, 둘째는 선인밀책(仙人密策)과 구원사상이며, 셋째는 수련의 효과가 있는 경험이고, 넷째는 남을 배려하고 세상을 구제하는 것을 수행의 기본으로 삼았다.[72]

---

67) 혼란한 사회 분위기 속에 유덕인은 어릴 때부터 절에서 머물며 몽상적인 세계에 빠져들었다. 북송이 망하고 금나라 사람들이 금나라를 지배하게 되자 그는 '도'로서 세상을 교화시키겠다고 마음먹었다. 염산(鹽山)에 살던 20세 때(1142)의 11월 어느 이른 아침 그는 뜻밖에 하얀 눈썹을 가진 노인 즉 노자를 만나 『도덕경』을 배웠다.

68) 구보 노리따다, 『道敎史』, 최준식 역 (서울: 분도출판사, 1990), 295.

69) '전진' 이란 전정(全精) 또는 전기(全氣)를 말한다. '전진'이란 그 본성의 참됨을 보존하는 것이라고 한다. '전진'은 공덕과 수행 둘 다 있어야 하는 공행쌍전(功行雙全)이다. '공'이란 바로 내공이며 "세상사를 모두 포기하고 마음속으로 공을 쌓는다는 뜻"이며, '행'은 외행, 곧 외제적 행위이다.

70) 왕중양(1112－1170, 전진도의 창시자. 함양(咸陽)사람이다.(지금의 산시(陝西)성 함양), 원래 이름은 중부(中孚), 자는 지명(知明), 호는 중양자(重陽子), 스스로는 해풍(害風)이라 불렀다.

71) 잔스창, 『도교문화 15강』, 안동준, 런샤오리 역 (경기도: 한영출판사, 2012), 142.

72) 楊信實, 『道敎与基督宗敎灵修』 (台北: 光啓出版社, 1996), 40.

c. 송원(宋元)이후 남방의 신도교

송·금·원 삼국이 세력의 균형을 잃으면서 대립하는 시기에 북방에서 새로운 도교 유파가 형성되었으며 남방에도 새로운 도교가 출현했다. 남방에서도 일부 도인들이 성명(性命) 수행의 이론적 탐구와 단공(丹功) 수련의 실천적 활동에 몰입했다. 그 결과로 내단 수련을 특색으로 하는 금단파 남종(南宗)이 탄생했다.[73]

강남은 부록파 도교가 형성 발전해 온 주요 거점으로 장시성 용호산에 자리를 잡은 부록파에서 정일천사도(正一天師道) 용호종이 탄생했다. 남방의 내단파도 내단 수련에 부주(符咒)를 중시하여 단법과 부주비법의 상호 융합이 촉진되었다. 존상과 내단 수련을 함께 수용하는 신부록파 중에서 대표적인 유파인 신소파(派)는 북송 말에 형성되었다.[74]

정명교(淨明敎)는 다른 말로 정명충효도(淨明忠孝道)라고도 하는데, 남방[75]의 도교유파로서 도사 하진공(何眞公)이 허진군(許眞君)[76]으로부터 '비선도인경정명충효대법(飛仙度人經淨明忠孝大法)'과 '정명대법(淨明大法)'을 받아서 창시한 교파이

---

73) 잔스촹, 『도교문화 15강』, 145-146.

74) 잔스촹, 『도교문화 15강』, 148.

75) 남송(南宋) 고종(高宗)의 소흥(紹興) 연간(1131-1162)에 강서성(江西省) 남창현(南昌縣) 서산(西山)의 옥륭만수궁(玉隆萬壽宮)

76) 허진군(?-374)은 본명이 허손(許遜)으로 장시(江西)남창(南昌) 사람이었다. 그는 도술을 배운 뒤 동진(東晉)의 저명한 도사로 활약했다. 그 당시 촉군의 백성들이 그의 은덕을 기리어 산 사람을 모신 사당인 생사(生祠)를 세워 제사를 올렸다. 허손이 신격화 되어 그의 영험한 행적이 쓰촨완성과 장시성 일대에 널리 유전하게 되었다. 송나라 이전에 민간에서는 허손 참배가 하나의 풍속이 되었다. 후에 허진군이 도교의 신선 계보에 오르게 되었다.

다.77) 정명교의 도사들은 유학에서 배워 윤리강상으로 이론을 보강하고 충효(忠孝), 염근(廉謹), 관유(寬裕), 용인(容忍)을 제정하여78) 신선을 이상적인 모델로 설정해 뚜렷한 윤리 도덕의 색체를 띠웠다. 도교는 오랜 발전 과정을 통해 북방과 남방에 모두 새로운 유파가 파생되었고 신도교의 출현으로 교리적인 면에서 새로운 방향으로 나아갔다.79)

3. 도교의 쇠락

a. 명대(明代) 도교의 세속화와 분화

명대의 황제들은 방술을 애호하고 도사를 총애하였는데 태조 주원장(朱元璋)으로부터 시작되었다. 태조는 여러 도사들 중에 정일도사에 대하여 더 호감을 가졌다. 그 까닭은 정일도가 사회정치와 윤리 생활에서 질서를 유지하는 작용을 한다고 여겼기 때문이다.80) 그러나 태조가 도교를 마냥 호의적으로 대한 것은 아니다. 태조는 도교의 활동을 엄격히 관리하였으며 도사들이 지위를 남용하지 못하도록 했다.

---

77) 여동빈, 『태을금화종지太乙金華宗旨』, 이윤희, 고성훈 역 (서울: 여강출판사, 2011), 15.

78) 葛兆光, 『道敎와 中國文化』, 沈揆昊 역 (서울: 東文選, 1993), 325.

79) 잔스촹, 『도교문화 15강』, 150.

80) 牟鐘鑒, 『중국 도교사-신선을 꿈꾼 사람들의 이야기』, 이봉호 역 (서울: 예문서원, 2015), 250.

성조 영락제는 태조의 종교정책 가운데 애호의 측면을 계승했다. 그는 진무신(眞武神)을 가장 추앙하였고, 살아있는 신선으로 칭해지는 전진교 무당파 교사 장삼풍(張三豐)에 심취하였으며 독특한 도교 신앙을 형성하였다.[81]

세종은 처음에는 용호산 상청궁의 정일교 도사 소원절(邵元節)[82]을 신봉하였다. 그는 범문태(范文泰)에게 ≪용도구범龍圖龜範≫을 배워 비나 눈이 오게 할 수 있었다.[83] 또 한명의 총애하는 도사는 도중문(陶仲文)이다. 그는 소원절의 추천을 받아 조정에 들어왔는데 궁중의 화재를 예언하여 신임을 얻었다.[84] 세종이 45년간이나 천하를 호령하다 마침내 세상을 하직하자 도교의 화려한 영화도 사라졌다.[85]

명대의 도교는 북방의 전진교와 남방의 정일교가 양대 교파를 형성하고 있었다. 장우초(張宇初)는 『도문십규道門十規』를 편찬하여 도교 사상의 전통적인 부록과 초제에 국한하지 않고 전진도의 엄격한 교규와 교풍 및 성명쌍수의 이론을 흡수했고 다른 종파들의 사상까지 잘 융합시켰으며, 또한 유교와 도교를 융합시켰다.[86]

---

81) 牟鐘鑒, 『중국 도교사-신선을 꿈꾼 사람들의 이야기』, 253.
82) 소원절은 가정(嘉靖) 3년에 입경하여 가정 5년에 '진인'에 봉해지고 가정 9년 이후 점차 승진하였다. 세종은 소원절에게 매년 녹봉 백석을 내리고 교의 40인으로 하여금 청소일 등을 하게 했으며 장전(莊田)을 30경(頃)하사하고 세금을 면해 주었다.
83) 葛兆光, 『道敎와 中國文化』, 沈揆昊 역 (서울: 東文選, 1993), 349.
84) 牟鐘鑒, 『중국 도교사-신선을 꿈꾼 사람들의 이야기』, 256.
85) 葛兆光, 『道敎와 中國文化』, 沈揆昊 역 (서울: 東文選, 1993), 352.
86) 牟鐘鑒, 『중국 도교사-신선을 꿈꾼 사람들의 이야기』, 259.

조의진(趙宜眞)은 정명대의 제5대 조사로 존숭되었으며 부록과 기도로 세상에 이름을 떨쳤는데 원·명나라 사이에 있는 용호산에 머물며 정일도 천사의 예우를 받았다. 구현청(丘玄淸)은 무당산의 도사로 일찍이 장삼풍을 사사하였고, 황제의 총애를 받아 '태상경(太常卿)'으로 봉해짐으로서 전진교 도사들 가운데 가장 영예로운 사람이 되었다.[87]

명나라 때에는 도교의 내단 수련술이 구체화되고 통속화되어 민간으로 확산되어 나갔다. 건신양생(健身養生)의 실질적인 효과는 도교도가 아닌 사람들에게도 광범위하게 사랑받았다. 많은 문인과 학자들이 양생과 양성의 입장에서 내단(內丹)을 학습하였다. 왕수인(王守仁)은 수십 년간 내단을 단련하고 연단의 적극적인 작용을 인정하였다.[88]

b. 청대(靑代) 도교의 쇠락

도교가 한 번 넘어졌다고 해서 완전히 사그라진 것은 아니었다. 아직도 도교는 사람들의 필요를 채우고 있었다. 그러므로 민간이라는 생존의 토양, 가장 커다란 생존의 터에서 여전히 번창하였다.[89]

강희제와 옹정제 모두 동일한 방법으로 도교를 비교적 중시하였다. 그러나 건륭제 때가 되면서 도교는 억압받기 시작했다.

---

87) 牟鐘鑒, 『중국 도교사-신선을 꿈꾼 사람들의 이야기』, 260-262.
88) 牟鐘鑒, 『중국 도교사-신선을 꿈꾼 사람들의 이야기』, 264-265.
89) 葛兆光, 『道敎와 中國文化』, 沈揆昊 역 (서울: 東文選, 1993), 352.

건륭 5년(1740)에 황제는 세습한 정일교 진인이 조정에 들어와 신하들과 나란히 알현하는 일을 금하였으며, 건륭 17년(1752)에는 정일진인을 종 5품으로 강등하였다. 결국 천사의 명예와 지위는 없어지고 다시는 예전처럼 회복되지 못했다.[90]

전진교도 사정은 대체로 같았다. 백운관의 제7대 주지 왕상월(王常月)은 세조로부터 3번이나 자의를 하사받았을 정도로 이름 높은 도사였다. 그는 백운관에 계단(戒壇)을 열고 도사를 양성하고 계율과 청규를 다시 제정하면서 교단의 개혁에 노력을 기울였으나 충분한 효과는 보지 못했다.[91]

강희제 때의 도사 주원육(朱元育)은 『오진편천유悟眞篇闡幽』 등을 지어 심득을 발휘하고 단공의 구결을 암시하였으며, 유교와 불교와 도교의 삼가의 종지를 하나로 회통시켜 성명쌍수의 음미한 뜻을 간이하면서도 참되게 밝혔다.

장청야(張淸夜) (1676-1763)는 옹정제와 건륭제 때의 도사로 성도의 청양궁(靑羊宮)과 무후사(武侯祠)에서 수도하였으며 번잡함을 버리고 간략함과 공허한 수련을 배척하고 실천적 행위를 중시하였다.[92]

---

90) 牟鐘鑒, 『중국 도교사·신선을 꿈꾼 사람들의 이야기』, 275.

91) 구보 노리따다, 『道敎史』, 최준식 역 (서울: 분도출판사, 1990), 348.

92) 牟鐘鑒, 『중국 도교사·신선을 꿈꾼 사람들의 이야기』, 이봉호 역 (서울: 예문서원, 2015), 282.

4. 현대의 중국 도교

도교는 중국이 1949년 10월 1일 사회주의 국가인 신중국 건국 이후에도 지속적으로 존재하고 있다. "종교는 왜 사회주의와 함께 하면서 장시간 존재하는가?" 라는 질문에 사회주의적인 입장에서의 답변을 보면

> 유신론의 사상과 유심주의 세계관을 가진 종교는 필연적으로 사회주의에 적응하지 못하거나 조화를 이루지 못하는 요소들이 있다. 그러나 중국에 존재하는 5대 종교는 모두 구사회에서 신사회로 넘어온 것으로 20세기 50년대 사회주의 개조 후 벌써 근본적인 변화가 발생했는데, 종교는 새생명을 얻었고, 인민군중이 스스로 만든 것이며 국가헌법의 존중과 보호를 받는 사업이 되었고 사회주의 상층부의 중요한 부분이 되었다. 그러므로 이제 다시는 구사회의 의식이나 형태로 그들을 볼 수가 없게 되었다.[93]

이와 같다. 신중국 건국 이후 철저한 사회주의 개조와 종교 제도의 개혁을 통하여 중국 종교상황은 신앙 자유정책을 통하여 종교가 사회주의에 적응하고 조화를 이루어 갔다.[94] 또한 도교도의 신앙은 존중받고 종교 활동은 정부로부터 보호받고 궁관을 보호하고 수리할 수 있게 되었다.[95]

중국 쓰촨(四川)대학의 이강(李剛)은 그의 논문 ≪미래로 향하여 가는 도교연구走向未來的道教研究≫에서

---

93) 曹中建, 『中國宗教研究年鑒: 2001-2002』(北京: 宗教化出版社, 2003), 81.

94) 繆樺蘭, 楊建文, "宗教爲什么伴隨社會主義長期存在", 「思想政治課教學」 2008年 2期, 52.

95) 王作安, 『中國的宗教問題和宗教政策』(北京: 宗教化出版社, 2002), 21.

신중국 건국 60여 년 이래로 우리나라 도교연구는 어느 정도의 성과를 거두었다. 도교의 역사, 경전, 교리 등 방면에 각각 중요한 성과를 얻었다. 도교에서 현실문제 조사연구 방면에서 성과를 얻었고 노인, 중년, 청년이 합해진 과학 연구팀을 형성하게 되었고 수준 있는 학술전문서적을 많이 발간하게 되었으며, 우수한 학술논문을 발표하게 되었고, 도교연구 인재 배양과 학과 영역을 개척하게 되어 중요한 공헌과 적극적인 영향을 미쳤다.[96]

라고 말했다.

　　도교는 또 중공 19대 회의 이후 "우리나라 종교 중국화를 견지하라"는 견지화의 과정에서 끊임없이 노력하여 낙오되지 않도록 요구받고 있다. 시진핑은 2017년 10월 18일 중국공산당 19대 전국대표대회에서 보고한 내용 《결전 전면적으로 소강사회를 건설하여 신시대 중국특색 사회주의의 위대한 승리를 얻자》의 여섯 번째 《전면적으로 인민 주인의 제도체계, 사회주의 민주정책발전》에서 말하기를 "전면적으로 당의 종교사업의 기본 방침을 관철하고, 우리나라 종교의 중국화 방향을 견지하며, 적극적으로 종교를 인도하여 사회주의 사회에 적응하도록 하라"[97]고 말했다. 이와 같이 도교는 현대에 들어서면서 사회주의에 의하여 개조되고 사회주의에 조화를 이루기 위하여 노력했으며 정치이념의 요구에 따라야 했다. 또한 소강(小康)사회 핵심가치관, 일대일로(一對一路)의 정책에 최대의 지지를 보내는 공헌을 해왔다.

---

96) 李剛, "走向未來的道教研究", 「當代中國民族宗教問題研究」第6集 (2012): 197-198.

97) 袁志鴻, "新時代的道教要高揚'愛國愛教'的旗幟走好中國化道路", 「世界宗教文化」 2018年 3期, 8.

2018년 1월 3일 중국 도교협회[98) 9회 6차 회장 회의가 찌앙쑤 창조우(常州)에서 열렸다. 이한영(李寒穎)[99)은 말하기를 중국 도협의 새로운 지도자들의 일을 인정하면서 도교계가 19대 정신을 배우고 새로 수정한 ≪종교사무조례宗敎事務條例≫[100)를 관철하여 도교의 중국화 방향을 견지하고 도교제도 건설을 강화할 뿐만 아니라 인재배양 사업을 추진하고 대외교류와 활동 등의 문제 강화(强化)를 제의했다.[101)

현대 중국사회가 도교에 원하는 것은 우수한 전통문화를 널리 알리는 것이며 도교의 우세함을 적극적으로 발휘하고 교육을 통하여 사회주의 핵심가치관을 실행할 뿐만 아니라 많은 신도들을 주동적으로 인도하여 중국화 방향으로 나아가 사회주의 현대화 건설에 공헌하길 바라고 있다.

도교는 이런 요구에 부합하기 위하여 몇 가지 해야 할 일들이 있는데, 먼저 애국주의 정신을 널리 알리며, 중화민족 정신을 하나로 하기 위하여 공감대를 형성하는 일이다. 둘째로 도교의 인본정신을 널리 알리어 사회주의와 조화로운 사회건설에 참여하는 것이다. 셋째로 도교의 도를 높이고 덕을 귀히 여기는 정신을 널리 알리어 인민들의 도덕수준을 높이는 일을 한다. 이

---

98) 1957년 4월 설립되어 지나간 전진도와 정일도의 "서로 다른 도와 함께하지 못하는" 국면을 해결하고 함께 교무를 정돈하고, 교의를 연구하고, 도교의 발전을 위하여 공동으로 노력한다.

99) 이한영은 부사장(副司長)직급으로 중국의 공무원의 직급중의 하나이며 행정 6급에 준한다.

100) 2004년 11월 30일 중화인민공화국국무원령 제426호 공포, 2017년 6월 14일 국무원 제176차 상무회의 수정, 2018년 2월 1일부터 실행°

101) 編輯部, "中國道敎協會召開九届六次會張广大會議",「中國道敎」2018年 1期, 9.

처럼 현대 사회가 도교에 이러한 필요들을 요구하고 있다.[102]

그러므로 도교는 많은 인재들을 배양하여 이러한 문제들을 연구하고 있으며 사회의 바람에 호응하기 위하여 도교의학, 양생문화의 연구에 박차를 가하고 있으며, 또한 학술계는 도교연구와 국가 전략 간의 관계를 사고하고 있다. 예를 들어 도교와 공공외교, 도교와 국가안전, 도교와 '일대일로'[103] 건설 등 문제에 대한 연구를 진행하고 있다.[104]

이상과 같이 도교의 역사를 간략하게 알아보았다. 도교는 중국 사람들과 함께 호흡하고 그들의 희망이 되었고 삶이 되었다. 많은 정치가들은 백성을 다스리는데 도교의 사상을 사용하거나 도교를 이용하기도 했다.

도사들의 수련은 개인의 양생의 차원을 넘어서서 신선으로 나아가는 길을 열었다. 백성들은 이것을 통하여 희망을 보게 되었는데, 신분과 빈부의 큰 격차를 넘어서 자신도 도교의 다양한 수련을 통하여 도사가 되거나 또한 신선이 될 수 있다는 꿈을 꾸었다. 이런 도교의 사상들은 개인 수련의 차원을 넘어서서 하나의 종교로 중국 사람들의 마음속에 자리를 잡았다. 중국에서 도교는 중국 사람의 일부분이 되었다.

---

102) 張鳳林, "堅持道教中國化方向努力踐行社會主義核心价値觀",「中國宗教」2016年 11期, 23.

103) '일대일로一帶一路'(The Belt and Road, 약자 B&R)'실크로드경제대絲綢之路經濟帶'와 '21세기해상실크로드21世紀海上絲綢之路'의 약자, 2013년 9월과 10월 중국국가주석 시진핑이 각각 나누어서 제의하여 건설하는 '실크로드경제대新絲綢之路經濟帶'와 '21세기해상실크로드21世紀海上絲綢之路' 합작제안

104) 張鳳林, "堅持道教中國化方向努力踐行社會主義核心价値觀", 15.

제3장 중국 도교의 세계관

1. 도교 세계관을 이루는 네 가지 주제

a. 세계(世界)의 기원 : 도생기화(道生氣化)[105]

도교에서는 우주 천체(天體)와 인간사회의 시작을 천체연화(演化)[106]운동의 결과이며 그리고 이런 일은 일정한 시간과 공간에서 진행된 것이라고 본다.[107] 도교에는 우주의 생성에 대한 다섯 가지 설이 있다.

먼저 우주 천체의 기원을 '기(氣)'로 보는 이론이다. 갈홍(葛洪)[108]은 『포박자내편抱朴子內篇』에서 "사람은 기중에 있고

---

105) 朱展炎, "道敎世界觀硏究",「道敎硏究」2015年 2期, 69.
106) 발전 변화하다. 진화하다.(주로 자연계의 변화를 가리킴)
107) 趙芃,『道敎自然觀硏究』(成都: 巴蜀書社, 2007), 7.
108) 갈홍(284-363)은「포박자」와「신선전」의 저자로 산동성 동부의 호족(豪族) 집안 출신으로, 할아버지와 아버지는 오(吳)나라의 관리였다. 오나라가 갈홍이

62 (선교적 관점으로 본) 중국의 전통종교 도교 세계관

기는 사람 중에 있으며, 천지부터 만물까지 '기'가 없이 살아갈 수 있는 것은 없다"고 했다. '기(氣)'가 천(天), 지(地), 인(人)과 만물 시작의 기초가 되고, 또한 만물생성의 근원이다.

둘째로 우주 천체의 기원을 '혼돈(混沌)'이라 보는 이론이다. 도교는 혼돈(混沌)과 원시(元始)를 근본적으로 일기(一氣)로 본다. 그래서 두 가지 모두를 천체 생성의 기원이자 변화의 원인이다.

도교의 우주생성론은 우주의 자연적인 혼돈(混沌)[109]상태가 그 기점이다. 도교 철학에서 태상노군(太上老君)이나 삼청신(三淸神)에 대하여 말할 때, '도(道)'와 '기(氣)'의 관계를 통하여 자연주의를 논증하여 우주혼돈(混沌)의 개념을 나타낸다.[110]

셋째로 우주 천체의 기원을 '태극(太極)'이라하는 이론이다. '태극(太極)'은 유가(儒家)의 『역전(易傳)』[111]이다. 태극은 우주 천체 진화의 근원이며 온 우주 생성운동의 시작이고 우주 천체 기원(起源)의 중요한 내용 중 하나이다. 양(梁)나라 도홍경(陶弘景)[112]은 『진호(眞誥)・견명수(甄命授)』에서 천체의 진화순

태어나가 2년 전에 망하자 그의 일족은 강소성으로 이주했다. 갈홍은 연금술에 몰두했다. 정은(鄭隱)이라는 스승을 만났다. 그는 좌자의 연금술을 계승한 사상가이다.

109) 혼돈은 자체의 속성이 없으며 태무(太無)와 합해지거나, 대도(大道)와 '동심(同心)'되거나, 자연과 '동성(同性)', '일체(一體)' 하거나, 시간적인 선후가 없거나, 자기의 형태를 가지고 있지 않거나 한다. 이런 상태를 혼돈이라 한다.

110) 趙芃, 『道敎自然觀硏究』, 20.

111) 『역전(易傳)』은 '태극(太極)'을 우주의 근원으로 보고 여기에서 세계의 전부, 즉 공간, 시간, 물질(천지(天地), 사시(四時), 팔괘(八卦)) 등이 발생한다고 한다.

112) 도홍경(456-536) 남북조 시대의 송나라와 양나라 사이의 이름난 의약학자이자 도가이다. 자는 통명(通明)이고 화양은거(華陽隱居)라 자호하였다. 지금의 강소성 진강 사람이다. 본초학에 대하여 깊이 있는 연구를 하였고 불교(佛)・도교

서를 "도(道) - 원기(元炁) - 태극(太極) - 천지(天地)"라고 말하고 있다. 천체의 진화과정을 정리하면 '태극(太極)' - '음양(陰陽)' - '오행(五行)' - '만물(萬物)'의 순서가 된다.[113]

넷째로 우주천체의 기원을 '노군(老君)'이라고 보는 이론이다. 도교천체기원과 우주연화의 기원이 '노군(老君)'이라는 이론은 종교화 이론의 중요한 표현이다. 또한 신비한 종교적 세계관이다. 첨석창(詹石窗)[114] 선생은 말하길 "도교 신창론(神創論)은 중요한 두 가지 기초 위에 세워졌다고 한다. 먼저, 태상노군(太上老君)은 '도(道)'의 형상적인 대표이고 여기부터 태상노군의 창세설(創世說)이 생겼다. 다음은 반고(盤古)신화와 겁운(劫運)사상을 기초로 하여 천준(天樽) 창세설을 세웠다"고 한다.[115]

도교는 태상노군(太上老君)[116] 또는 원시천존(元始天尊)에게 창세주(創世主)라는 존영을 주고 태상노군이 도기(道氣)을 움직여 천지, 천제가 사는 천정(天庭), 선경(仙境), 지옥(地獄) 등 천지만물을 낳았다고 높이고 있다. 이것은 도교의 창세설의 선명한 특징이다.[117]

(道)·유교(儒) 세 가지 사상의 영향을 받은 까닭에 삼교(三敎)를 아우를 것을 주장하고 청정(淸靜)·무위(無爲)·인과(因果)·윤회사상 등을 널리 알렸다.

113) 趙芃, 『道教自然觀研究』, 21-24.

114) 詹石窗, 『道教文化十五講』(北京: 北京大學出版社, 2003), 趙芃, 『道教自然觀研究』, 25에서 재인용.

115) 趙芃, 『道教自然觀研究』, 25.

116) 노자를 높여 부르는 용어이다. 도교에서는 교주로 받들고 ≪삼청존신三淸尊神≫ 가운데 '도덕천존道德天尊'으로 높인다.

117) 文史知識編輯部, 『道教与傳統文化』(北京: 中華書局, 2016), 297.

다섯째로 천체기원을 '허무(虛無)'로 보는 이론이다. 이는 도교의 우주관(宇宙觀)의 중요한 부분으로 도교의 우주생성과 진화인식론의 중요한 내용이다.[118]

도교의 '허무(虛無)'사상은 서한(西漢)시대의 『회남자(淮南子)』에 기원한다.[119] 도교는 '허무(虛無)'를 천체생성과 연화의 근원으로 생각하며, '허무'[120]에서 시작하여 천천히 본연의 '대도(大道)', '일기(一氣)', '음양(陰陽)', '천지(天地)', '만물(萬物)' 등의 우주만물계가 형성되었다고 한다.

이처럼 도교에서는 우주천체의 형성과 기원(起源)을 '기(氣)', '혼돈(混沌)', '태극(太極)', '노군(老君)', '허무(虛無)'로 본다. 이이론들은 도교의 기본사상을 잘 드러낸다. 이런 이론들은 비교적 추상적인 면이 강한 이론과 직관적(直觀的)이고 신화화(神話化)적인 이론들이다.

b. 세계 중의 존재자 :
   천(天), 지(地), 인(人), 귀(鬼), 신선(神仙)[121]

당대(唐代)의 도사(道士) 오균(吳筠)은 『현강론(玄綱論)』에서 말하길 "천지, 인물(人物), 영선(靈先), 귀신(鬼神) 등은 도(道)가

---

118) 趙芄, 『道敎自然觀硏究』, 30.

119) 葛兆光, 『道敎와 中國文化』, 沈揆昊 역 (서울: 東文選, 1993), 68.

120) 허무에서 생성되는 원리: 천지 사이는 송풍기처럼 비어있는 공간에서 바람이 생기어 나오듯이, 그 움직임이 멈추지 않는다면 아무것도 없는 공간에서 바람이 생기어 나오듯이 쉬지 않고 공기가 생겨났다는 뜻으로 허무(虛無)한 공간에서 자연(自然), 즉 본연(本然)이나 규율(規律)이 생겼다는 이야기다.

121) 朱展炎, "道敎世界觀硏究", 「道敎硏究」 2015年 2期, 70.

아니면 생길 수 없다. 덕(德)이 아니면 형성되지 않는다."고 했다. 그 가운데 천지, 인물(人物), 영선(靈先), 귀신(鬼神)이 존재한다.

첫째는 천지인(天地人)으로 일반적으로 삼재(三才)라 부른다. 천지는 혼돈일기(混沌一氣)의 변화로 인하여 생긴 것이다. 생긴 것 중에서 인간은 우주 가운데 위치하고 가장 존귀하다. 인간과 천지의 관계는 인간은 하늘과 같고 다음은 땅 같다고 한다.[122) 도교에서는 천지인을 우주세계의 세 가지 기본 요소라고 한다.[123)

둘째는 귀(鬼)로 사람은 태어나고 반드시 죽는다. 고대인의 생각에는 죽은 사람을 귀신이라고 부른다. 사람은 음양이 합하여 이루어졌다고 하며, 사람이 죽은 후에는 순수한 음(陰)의 신체가 된다고 한다. 이를 귀신이라 한다. 도교도는 죽은 후에 귀신이 되지 않기 위해서 득도(得道)하여 선(仙)이 되어 이런 자연적인 숙명에 저항하여야 한다.[124)

셋째는 신선(神仙)으로 선(仙)의 기본개념은 위에서 말한 것처럼 죽지 않고 오래 동안 사는 것을 말한다. 도교에서 보면 신(神)은 일반적으로 선천적으로 기(氣)가 변하여 된 것이다.[125) 갈홍(葛洪)은 연단을 통하여 신선이 되는 것을 주로 말하지만 각종 술수에 의지하여 장생하는 것 또한 선도의 두드러진 내용이다.

---

122) 朱展炎, "道敎世界觀硏究", 「道敎硏究」 2015年 2期, 70.

123) 趙芃, 『道敎自然觀硏究』, 177.

124) 程樂松, "鬼之仙途: 道敎視閾中的觀念演進", 「世界宗敎硏究」 2017年 1期, 116.

125) 朱展炎, "道敎世界觀硏究", 「道敎硏究」 2015年 2期, 71.

선도의 체계를 보면 여섯 단계가 있다. 먼저 선(善)을 쌓아 공을 이루는 것이다. 선을 쌓아 공을 이루는 것은 신선이 되는 충분조건이지 필요조건이 아니다. 둘째는 신(神)을 존사(思神)[126]하고 일(一)을 지키는(守一) 것이다. 신을 존사하고 일을 지키면 악을 물리치고 몸을 보호할 수 있다. 그러나 이것이 수명을 연장하게 할 수는 있어도 이것만으로 신선을 이룰 수는 없다. 셋째는 초목과 약이다. 갈홍을 의약으로써 병을 제거하고 신체를 건강하게 할 수 있으므로 병약한 사람은 마땅히 먼저 신체를 치료하여 건강하게 해야 한다고 한다. 넷째는 굴신(屈伸)과 도인(導引)술이다. 모두 신체를 건강하게 하는 술수이다. 다섯째는 정을 아끼고 기를 운행하는 것이다. 외부 사물의 유혹 때문에 정이 손상되거나 소모되지 않도록 하는 것이다. 여섯째는 금단을 복용하는 것이다. 『포박자(抱朴子)』라는 책은 최상의 약인 금단을 제련하여 복용하는 것을 장생성선(長生成仙)의 첩경으로 삼는다.[127]

이런 신선이 사는 곳을 도교에서는 '선경(仙境)'이라고 한다. '동천복지(洞天福地)'라고도 하는 이곳은 신선이 유람하며 거주하는 곳이다. 선경은 두 가지 의미가 있다. 먼저는 정신적인 의미의 경계(境界)로 마음과 정신을 중시한다. 다음은 물질적 환경 의미로 수도에 제일 좋은 환경, 즉 신선이 된 후에 거하는 생활환경을 말한다.[128]

---

126) 스스로 원하여 진신(眞神)을 자기 몸 안에 보존하는 것을 말한다.

127) 잔스촹, 『도교문화 15강』, 안동준, 런샤오리 역 (경기도: 한영출판사, 2012), 114.

c. 세계의 성질 : 상고인심순박(上古人心淳朴),

  하세인심교사(下世人心狡詐)129)

세계의 발전은 하나의 끊임없는 쇠퇴의 과정이므로 도교의
이상(理想)세계는 현재 세계보다 지나간 시대이다. 왜냐하면
과거에는 아주 좋은 것이 존재했기 때문이다.

노자는 복귀(復歸)를 강조했다. 그러면 어디로 복귀하는가?
어떤 상태로 복귀하는가? 그것은 곧 인간의 덕(德)이 충만한 상
태인 아기130)로 돌아가야 한다. 성인(聖人)은 이미 이 사실을
알고 복귀하는 사람이다. 그리고 성인(聖人)은 도를 저버린 사
람들을 도와 진정한 자신을 찾게 해주는 것이며, 복귀의 길을
찾아 민중을 인도하며 이 과정을 완성하는 것이다.131)

도가(道家)의 인성론은 인성자연론으로 생명의 순박(淳朴)한
상태와 정신의 고요한 경지이다. 사람의 이런 자연 본성은 만
물의 근원인 '도'(道)의 '자연'(自然) 본성에 근원한다.

도가의 이상적인 인격은 성인이며, 이는 최고의 자연인성을
가진 완전함의 대표이다. 그는 '도를 실천하는 사람'이다. 성인
은 인간 세계에 존재하면서 보통 인간을 초월하는 최고의 인간
이다. 성인은 노자의 도(道)인 자연을 본받고, 이 자연은 바로
무위(無爲)이다.132) 성인은 자연에 순응하여 모든 것을 아는 사

---

128) 陳望衡, "道敎'仙境'槪念的当代价值"「鄱陽湖學刊」 2014年 1期, 6.

129) 朱展炎, "道敎世界觀硏究", 「道敎硏究」 2015年 2期, 71.

130) 여기에서 아기는 원본(原本)에 비유되고 있다. 백색의 벽처럼 흠이 없는 것,
    어떤 장식도 없는 상태, 즉 자연의 상태이다.

131) 江兵, "'老子'之圣人觀", 「河北青年管理干部學院學報」 2014年 1期, 89.

람이다. 그래서 무위의 도리를 알아 무위를 행한다.133)

성인을 본받기 위해 사람은 자족, 지지(知止)하길 배워야 한다. 자족을 배워 자기의 도덕(道德)적인 요구를 완성한 후에 성인(聖人)의 무위를 본받아야 한다. 유위(有爲)를 통하여 다른 사람이나 외부 물건에 영향을 주지 말아야 한다. 노자는 『도덕경』제64장134)에서 "유위하는 사람은 패배한다. 잡는 사람은 잃게 된다. 성인이 실패하지 않고, 잃어버리지 않는 것은 바로 성인은 무위와 무집(無執)을 아는 사람이다." 라고 말한다. 제48장135)에서 무위를 이룰 수 있는 방법을 "본래의 근원으로 돌아가는 것이 진정으로 큰 지혜이다." 라고 하며 후천적인 배움을 통한 교육은 단지 제47장136)에서 "나감이 멀수록 아는 것이 적어진다." 라고 했다.

그래서 오직 '손(損)'의 방법을 통하여 매일 허무한 것을 덜어낸다. 이렇게 할 때 순조롭게 자연에 다다르게 되고, 무위를 행하게 된다. 도(道)의 무위는 수수방관을 말하는 것이 아니라 자연에 순응하는 것을 말하고 특별히 어떤 행위를 하지 않는 것이다.137) 이처럼 상고인의 순박한 상태로 돌아갈 때 세상 사

---

132) 정세근, 『노자 도덕경』 (서울: ㈜문예출판사, 2018), 199.

133) 龍澤黯, "道家圣人觀-從≪老子≫到≪庄子≫" (中國哲學碩士學位論文, 湘潭大學, 2014), 11.

134) 爲者敗之, 執者失之.

135) 爲學日益, 爲道日損. 損之又損, 以至于无爲, 无爲而无不爲.

136) 其出弥遠, 其知弥少.

137) 龍澤黯, "道家圣人觀-從≪老子≫到≪庄子≫" (中國哲學碩士學位論文, 湘潭大學, 2014), 15.

람들의 교활한 속임의 인성(人性)에서 벗어날 수 있다. 이런 모습에서 이상세계에 대한 갈망을 보게 된다. 통치자의 바르지 못한 모습과 그로인한 사회의 혼란, 그 속에서 고통 받는 사람들을 보면서 도교는 그 해결을 위하여 성인이란 인물과 그가 다스리는 이상세계를 그리게 된다.

d. 이상적 세계 : 도치지세(道治之世)

도교에서 말하는 이상적인 사회는 "나는 작은 나라에서 적은 사람과 삽니다."라는 사상이다. 이런 상태가 이상적인 사회라고 생각한다. 노자는 『도덕경』제80장[138]에서

> 열 명이나 백 명이 써야 하는 무기는 대단한 공격력이나 화력을 지닌 것임에도 쓰지 않는 것이 좋습니다. 사람들이 무엇보다도 죽음을 무겁게 여겨야 합니다. 배와 수레는 이동 수단입니다. 그것을 타고 다니는 것이 좋을까요? 아닙니다. 갑병이 아무리 많아도 포진할 때가 없어야 합니다. 사람은 글자를 모르고 결승문자만으로도 잘 살았겠습니다. 사람에게 먹을 것을 주십시오. 사람에게 옷을 입히십시오. 사람이 편하게 살게 해주십시오. 좋은 날을 즐겁게 해주십시오. 이웃 나라가 바로 코앞에서 바라보고 있지만 굳이 건너갈 까닭이 없습니다. 이웃 나라에서 닭 홰치는 소리와 개짖은 소리가 들려도 갈 일이 없습니다. 사람들이 늙어 죽을 때까지 서로 오가지 않아도 됩니다.[139]

이렇게 말했다. 이런 사회를 이루기 위해서는 도(道)로 다스

---

138) 小國寡民. 使有什伯之器而不用 ; 使民重死而不遠徙. 雖有舟輿, 无所乘之, 雖有甲兵, 无所陳之. 使民復結繩而用之. 甘其食, 美其服, 安其居, 樂其俗. 鄰國相望, 鷄犬之聲相聞, 民至老死不相往來.

139) 정세근, 『노자 도덕경』 (서울: ㈜문예출판사, 2018), 327.

려져야 한다. 백성이 평안하게 살고 즐거이 일하며, 풍습이 순
박하고 정결한 사회, 이런 상태의 사회를 도교에서는 가장 이
상적인 사회라고 한다. 이것은 인간과 천지만물이 합일한 본진
(本眞)의 상태를 말한다.[140]

2. 중국 도교의 자연관(自然觀)

자연관이란 사람들이 자연에 대하여 갖고 있는 체계적인 관
점과 인식을 말하며, 또한 과학적인 세계관, 우주관이다. 도교
자연관은 도가(道家)의 자연관 사상을 계승하여 그 기초로 삼
고 형성된 종교적 우주관, 천인관(天人觀), 생명관과 자연과 사
회의 이중적인 속성을 가진 인간의 행위관(行爲觀)에 대한 종
합적 관념이다.[141] 도교에서 자연은 신이나 인간에게 지배를
받는 존재가 아니라 자연은 신과 인간이 그 안에서 조화를 이
루고 살아야 할 대상이다.[142]

a. 자연의 규율성(規律性)[143]

도교의 '도(道)'는 자연규율의 상징이다. '도'는 자연적 존재

---

140) 杜毅漫, 宋雪蓮, "自然与自私", 「中國文化研究」 2006年 2期(2006. 9): 48.

141) 趙芃, 『道教自然觀研究』 (成都: 巴蜀書社, 2007), 1.

142) 황태연, 『아시아 선교론』(서울: 크리스챤 다이제스트, 1993), 91.

143) 趙芃, "基督教, 伊斯蘭教与道教 自然觀的對話-'三教' 自然觀的趨同与融合", 「貴州
社會科學」 2005年 2期(2005. 3): 100.

와 규율성이지만 물질 형태는 아주 다양하고 각각 다른 모습들을 하고 있다. 각종 물질 간에 서로 연결과 상호작용이 존재하며 체계의 통일성이 있다. 이런 천지만물의 근원은 천지만물 전에 생긴 '도'이다. 노자의 『도덕경』 제25장[144]과 제42장[145]에 보면 도는 모든 것 전에 존재하고 모든 것이 도로부터 생겨난다고 한다. 도는 이처럼 자연의 근본이 된다.[146]

이처럼 도(道)로부터 시작된 자연규율은 영원하며 절대적이다. 우리가 보는 세계의 다양성 배후에는 객관 세계의 통일성이 있다. 이것들은 인간의 의지로 움직일 수 있는 객관적 규율이 아니므로 인간은 자연에 순응해야 하며, 생태자연이 가지고 있는 규율에 따라야 한다. 이처럼 도교도들은 자연이 '도'로부터 시작된 영원히 변치 않는 규율을 가지고 있다고 한다.[147]

b. 자연의 운동성(運動性)[148]

자연계의 발전과 변화에 자연 스스로 내재하는 규율과 특징이 '생화'(生化)이다. '도(道)'는 일종의 자연적인 천지 운행 시스템을 가지고 있다. '도'는 천지만물에 대하여 아주 자연적이다. 노자는 "떠날 것은 떠나보내고, 없앨 것은 없애야 천지는

---

144) 有物混成, 先天地生, 寂兮寥兮, 獨立而不改, 周行而不殆, 可以爲天地母. 吾不知其名, 字之曰道.

145) 道生一, 一生二, 二生三, 三生万物.

146) 정세근, 『노자 도덕경』, 182.

147) 趙芃, "基督敎, 伊斯蘭敎与道敎 自然觀的對話-'三敎'自然觀的趨同与融合", 100.

148) 趙芃, "基督敎, 伊斯蘭敎与道敎 自然觀的對話-'三敎'自然觀的趨同与融合", 100.

자기의 길을 갈 수 있다."149)고 했고, 또한 장자는 "사람은 우주의 근본 앞에 오직 경건한 마음을 갖는 것이 본분"이라고 했다.

열자(列子)는 『황제서(黃帝書)』에서 "만물을 생산하는 것은 다른 물건으로부터 태어나지 않으며, 만물을 변화시키는 것은 스스로 변하지 않는다. 만물은 모두 제약 안에서 자연스럽게 생산되고 자연스럽게 변화하며 자연스럽게 형태와 종류가 생겨난다."150) 라고 자연의 규율성을 말하고 있다. 자연계는 끊임없이 운동하며 발전하고 변화한다. 이런 발전과 변화는 자연계의 자화운동이며, 사람의 의지에 의지하지 아니하는 객관적 규율이다. 대자연은 자기가 가지고 있는 운동규율에 따라 세계를 창조하고 만물은 그 과정을 거친다.151)

c. 자연의 체계성(系統性)152)

자연의 체계성에 대해서 도교는 '천지인(天地人)' 일체라는 인식을 가지고 있다. 도교는 자연계의 '천지인'을 체계의 총체라고 생각한다. 노자의 『도덕경』 제25장153)에서 말하기를 "사람은 네 것의 큰 것 중의 하나이다. 그러나 우주 가운데 위치는 다른 세 가지보다는 더 높지 않고 그것들 가운데 하나일 뿐

---

149) 天地不仁, 以万物爲芻狗

150) 故生物者不生, 化物者不化. 自生自化, 自形自色, 自智自力, 自消自息, 謂之生化, 形色, 智力, 消息者, 非也.

151) 趙芃, "基督敎, 伊斯蘭敎与道敎 自然觀的對話-'三敎'自然觀的趨同与融合", 101.

152) 趙芃, "基督敎, 伊斯蘭敎与道敎 自然觀的對話-'三敎'自然觀的趨同与融合", 101.

153) 故道大, 天大, 地大, 人亦大. 域中有四大, 而人居其一焉.

이다. 그러므로 인간은 당연히 천지 자연만물에 순응해야 한다."고 했다. 장자 또한 『장자莊子·천운天運』에서 말하기를 "천, 지, 만물과 사람은 하나의 질서 있는 총체를 구성하며 이것을 통해 자아실현과 사회, 세 가지 자연의 총체와 조화와 통일을 이룬다."라고 했다. 자연과 인간의 조화와 통일을 주장한다. 생태자연으로 하여금 원래 가지고 있는 체계와 조화를 유지하게 하여 자연계에 원래 있는 진실과 규율을 유지하게 한다.[154]

d. 자연의 지속성(持續性)[155]

도교의 '승부(承負)' 이론이 말하고자 하는 목적은 자연계를 유지 보호하며 지속적으로 발전하는 것이며, 자연이 본래 가지고 있는 생태속성을 유지하는 것이다. 노자의 『도덕경』 제16편[156]과 제25편[157]에서 "이는 자연이 쉬지 않고 순환하고 있다"고 말한다. 도(道)는 순환 왕복 운동을 하는 것이므로 사람은 사물의 순환발전 규율을 장악할 수 있고, 이러한 주기성의 운동평행 중에 생존과 발전을 유지할 수 있다.[158]

만물이 자연적으로 순응하고 있는 자연규율은 인간 또한 준수해야 하는 행위의 법칙이다. 만약에 이것에 순응하지 않고 '망작(妄作)', 즉 자기 멋대로 한다면 아주 위험한 일이 발생한

---

154) 趙芃, "基督教, 伊斯蘭教与道教 自然觀的對話-'三敎' 自然觀的趨同与融合", 101.

155) 趙芃, "基督教, 伊斯蘭教与道教 自然觀的對話-'三敎' 自然觀的趨同与融合", 101.

156) 復命曰常.

157) 獨立而不改, 周行而不殆.

158) 陳怡, 『庄子內篇』(北京: 高等教育出版社, 2015), 70.

다. 생태자연은 자기의 규율을 가지고 있다. 그러므로 인류가 자연과 협력할 때는 단순히 자연규율에 순응해야 비로써 인간과 자연의 지속적인 평행을 보장할 수 있다.159)

e. 자연의 본체성(本體性)160)

도교의 자연세계 원래의 모습에 대한 인식에서 특별히 강조하는 것은 준수와 자연에 대한 순응이다. 또한 강조하는 것은 자연이 가지고 있는 본체의 속성이다. 도교의 강조점을 '임물자연(任物自然)', 즉 자연규율에 순응하는 것을 말한다. 자연본체에 대한 인식은 인류의 자연에 대한 인식의 기본 요구이다.

노자의 『도덕경』제51편161)과 제64편162)에서 "자연이 스스로 높은 위치에 있다는 것을 말하는 것이다. 만물의 자연성을 도와준다. 자연스러움이 실현되도록 보조해 준다. 그러나 그것이 무엇을 하는 것은 결코 아니다. 무엇을 감히 하려다 보면 자연성이 깨지기 때문이다. 도와만 줄 뿐 무엇을 하려 들지 않는다는 것이다."라고 말한다.

자연계의 모든 사물은 내재(內在)하는 가치가 있다. 이런 내재가치는 대자연에 대한 소유권과 보호권을 통하여 확정을 받는다. 인류는 당연히 이런 자연계의 권리를 존중해야 한다. 그래야 자연과 조화를 이루며 함께 살게 된다. 인간과 자연의 관

---

159) 趙芃, "基督敎, 伊斯蘭敎与道敎 自然觀的對話-'三敎'自然觀的趨同与融合", 101.

160) 趙芃, "基督敎, 伊斯蘭敎与道敎 自然觀的對話-'三敎'自然觀的趨同与融合", 101.

161) 道之尊, 德之貴, 夫莫之命而常自然.

162) 以輔萬物之自然而不敢爲.

계를 바르게 처리하는 것이 조화로운 우주체계와 자연만물이 가지고 있는 독특한 위치와 내재가치를 보존하는 것이다.163)

f. 자연의 생명관(生命觀)164)

생명관은 자연관의 중요한 구성부분이다. 생명을 존중하고 모든 생명의 평등을 주장하는 것은 도교의 기본 개념이다.165) 이는 인간과 자연만물의 공동 번영을 위하는 기본 사상에서 나온 것이다. 도교는 생명이 우주의 생산과 연화의 과정 중 점차적으로 형성되었다고 한다. '명지자연(命之自然), 비인력야(非人力也)', 즉 생명이 자연적으로 생겨났지 인력으로 생겨난 것이 아니다. 이런 생명 형성의 과정은 우주생성 연화의 공동운동 과정이다.

생명의 연화운동이 우주가 가지고 있는 객관적이고 필연적인 결정이다. 그것은 근본적으로 객관적이면서 내재하는 규율을 가지고 있다. 전형적인 진화이론의 중요한 한 방면은 진화의 변화과정 또는 자연의 선택적 압력 아래서 생물체는 점차적으로 환경에 적응한다. 그 적응 정도는 생물체들이 그 환경에 잘 적응하여 생존할 뿐 아니라 번식을 하는 정도이다. 도교는 생명의 이런 진화운동을 "성명지정(性命之情), 시순자연(是順自然)"이라고 한다.166)

---

163) 趙芃, "基督敎, 伊斯蘭敎与道敎 自然觀的對話-'三敎'自然觀的趨同与融合", 101.
164) 趙芃, "基督敎, 伊斯蘭敎与道敎 自然觀的對話-'三敎'自然觀的趨同与融合", 110.
165) 趙芃, "基督敎, 伊斯蘭敎与道敎 自然觀的對話-'三敎'自然觀的趨同与融合", 110.
166) 趙芃, 『道敎自然觀硏究』, 232.

생명의 운동과 연화는 생명이 가지고 있는 근본 속성의 구현이고, 그 '성명(性命)' 본질의 구현이다. 또한 생명운동과 연화는 '임기연(任其然)' 같은 '성(性)'으로 생명자체가 가지는 '자연(自然)'의 성이다. 이런 '자연성(自然性)'을 떠나면 생명운동과 연화는 원래 가지고 있던 본질적 속성을 잃어버리게 된다. 생명의 운동과 연화의 기본속성은 '순자연(順自然)'이다. 이것은 도교의 생명의 운동과 연화에 대하여 본질적인 인식을 말한다.[167]

이상과 같이 도교의 자연관은 각각의 영역에 있어서 아주 체계적인 인식을 가지고 있다. 그러나 이런 인식은 기독교와는 아주 다른 인식이다. 도(道)를 자연규율의 상징으로 본다든지 자연의 운동성을 스스로 가지고 있는 '생화(生化)'라고 인식하는 것, 자연의 체계를 모두 하나로 보는 '천지인(天地人)' 으로 인식한다든지, 그리고 생명관(生命觀)에서 연화(演化), 즉 진화론을 주장하는 인식은 참으로 어리석다.

이런 도교 세계관을 가진 중국인에게 복음을 전하여 예수 그리스도를 알게 하는 것은 우리의 사명이다. 효과적으로 복음을 전하기 위해서는 선교지의 사람들에게 맞는 선교전략이 필요하다. 선교전략은 상대방을 잘 이해하고 성령 하나님의 역사로 알게 하신 성경진리에 근거해야 한다.

연구자는 이제까지 세계관에 관한 연구와 중국인의 세계관

---

167) 趙芃, 『道敎自然觀研究』, 233.

그리고 도교 세계관의 이해를 바탕으로 하여 선교경험을 살려 선교전략을 세우고자 한다. 이 선교전략은 중국이라는 특수한 환경 가운데서 선교하면서 경험한 것을 토대로 하였다. 전략 부분은 먼저 도교에 대한 비평이다. 성경 진리와 개혁주의 전통교리 그리고 ≪웨스트민스터 신앙고백서≫에 근거하여 도교 세계관의 허구를 들어내고, 둘째로 기독교 세계관과의 비교를 통하여 선교전략에서 다룰 문제를 구체적으로 정리한다. 셋째로 현지 상황에 맞는 선교전략과 적용을 제안한다. 연구자는 전략을 세우고 제시하므로 개인전도, 제자화, 신학교 사역에서 더욱 효율적인 선교가 진행되어 영혼구원을 통하여 하나님 나라가 확장되고, 또한 중생한 그리스도인이 성장하면서 기독교 세계관으로 변화되어 견고한 그리스도인이 되기를 원한다.

제2부

기독교 세계관과
중국 도교 세계관

제1장 성경적 관점에서 바라본
   도교 세계관

　앞에서 진행된 연구를 근거로 도교 세계관에서 드러난 도교의 기본교리를 기독교 세계관에 비춰 비교하고 비평하고자 한다. 세계관은 비평이 필요하다. "예수께서 이르시되 내가 곧 길이요 진리요 생명이니 나로 말미암지 않고는 내게로 올 자가 없느라"(요 14:6)에서 예수 그리스도가 진리이심을 말하고 있다. 그러므로 연구자는 진리이신 예수 그리스도의 말씀과 개혁주의 전통교리와 ≪웨스트민스터 신앙고백서≫에 근거하여 도교 기본교리를 비평하고자 한다.

1. 기독교와 도교의 계시관 비교

a. 도교 경전(經典)인 도장(道藏) : 성경론에 근거한 도교경전 비평

도교에는 아주 많은 도경(道經)이 있다. 그것을 집대성하여 편찬한 것을 도장(道藏)[1]이라고 한다. 도경의 수집과 보수 활동은 여러 차례 있었다. 수당 교체기에 『삼동경강三洞瓊綱』은 당의 현종 개원 원년 도경을 모은 것으로 총수는 3744권이었다.[2] 그러나 두광정(杜光庭)은 『태상황전제의太上黃篆齊儀』권 52에서 말하길 당 현종(玄宗)이 편찬한 『삼동경강』은 모두 7300권이고, 『옥위玉緯』의 별목(別目)과 기(記)와 전(傳), 소(疏), 론(論)을 합치면 모두 9천여 권이라고 주장한다. 그 밖에 『도장존경역대강목道藏尊經歷代綱目』에서는 『경강경목瓊綱經目』에 5,700권이 있다. 여기서 말하는 '경강'은 당연히 『삼동경강』을 말한다. '경목'은 물론 『삼동경강』의 경전 목록이다. 이처럼 서로 다른 기록 때문에 『삼동경강』의 정확한 권수는 도무지 알 수가 없다.[3]

도교가 불교와 융합되는 과정 가운데 도교도(道敎徒)들이 편집한 도경 중에는 불경의 명칭을 따라 모방하거나 불교의 화두를 옮겨온 부분이 적지 않다. 예를 들어 『현도품제일顯道品第一』을 보면 자세히 알 수 있다.

---

1) '장(藏)'은 '물건을 저장하는 장소'라는 뜻으로 경전을 저장한다는 의미가 있다.

2) 구보 노리다다, 『道敎史』, 최준식 역 (서울: 분도출판사, 1990), 271.

3) 잔스촹, 『도교문화 15강』, 안동준, 런샤오리 역 (경기도: 한영출판사, 2012), 220.

천존이 말씀하시기를 진장법(眞藏法)에는 뭇 형상의 본질은 빈(空) 것도 아니고 있는 것도 아니며 또 뭇삶(衆生)의 고락은 빈 것도 아니고 있는 것도 아니다. 여러 가지 베풂은 진실히 아닌 것도 없으며 빈 것도 아니고 있는 것도 아니다. …… 여러 선남자(불법에 귀의한 남자)들이 눈을 감고 주의하여 똑바로 듣자니 잠시 잠깐에 홀연 사방이 드러나 보이고 매우 정갈하고 깨끗한 국토와 불좌 아래에 수없이 핀 연꽃, 산개하여 허공에 가득하네.4)

이것이 도경인가! 아니면 불경인가! 가령 '천존 왈'을 빼버리고, 다만 '선남자(善男子), 불좌 (獅子座), 수없이 핀 연꽃 천엽연화(千葉蓮花)'를 본다면 어느 누구도 이것이 도교의 경전이라고 믿지 않을 것이다. 이처럼 공공연히 표절하였다.

성경에서 "내가 이 두루마리의 예언의 말씀을 듣는 모든 사람에게 증거하노니 만일 누구든지 이것 외에 더하면 하나님이 이 두루마리에 기록된 재앙들을 그들에게 더하실 것이요 만일 누구든지 이 두루마리의 예언에서 제하여 버리면 하나님이 이 두루마리에 기록된 생명나무와 및 거룩한 성에 참여함을 제하여 버리시리라."(계 22:18-19)라고 말하고 있다. 하나님의 계시인 진리의 말씀은 인간이 더하거나 빼거나 할 수 없다.

또한 "모든 성경은 하나님의 감동으로 된 것으로 교훈과 책망과 바르게 함과 의로 교육하기에 유익하니"(딤 3:16, 벧후 1:21)라는 말씀처럼 모든 계시는 하나님으로부터 온다. 그러므로 도교 경전은 신적 권위가 없는 인간의 기록물일 뿐이다. 도교의 경전 가운데는 어느 정도의 도리가 있을 수 있지만 인간

---

4) 葛兆光, 『道敎와 中國文化』, 沈揆昊 역 (서울: 東文選, 1993), 226.

의 구원에는 어떠한 도움도 줄 수 없다.

개혁주의 정통교리를 보면, 성경은 성령의 유기적 영감을 통하여 기록자가 기록한 것이다. 유기적이라는 것은 하나님께서 성경의 기록자들을 자신의 내적 존재 법칙에 조화되게 유기적인 방법으로 그들에게 작용하셨다는 사실이다. 하나님은 그들이 있는 그대로, 그들의 성격, 기질, 은사와 재능, 그들의 교육과 문화, 어휘, 문체, 스타일 등과 함께 사용하셨다. 하나님은 그들을 조명하시고 격려하여 기록하게 하셨으며 죄의 영향을 억누르시고 언어를 선택하시고 생각을 표현하는 일을 유기적인 방법으로 인도하셨다.5) 성경은 완전하다. 그러므로 신적 권위가 있으며 구원을 위하여 꼭 필요한 것이며 성경은 구원의 필요한 지식을 명료하게 드러내며 성경은 다른 보충물을 필요로 하지 않고 그 자체로 충족하다.6)

≪웨스트민스터 신앙고백서≫제1장 1절에서는 주님이 여러 시대에, 그리고 여러 가지 방식으로 자신을 계시하시고, 자기의 교회에 자신의 뜻을 선포하기를 기뻐하셨으며, 그 후에는 진리를 더 잘 보존하고 전파하기 위해서 그리고 육신의 부패와 사단과 세상의 악에 대비하여 교회를 더욱 견고하게 하며, 위로하시기 위해서 바로 그 진리를 온전히 기록해 두게 하셨다. 이와 같은 이유로 성경이 절대적으로 필요하게 된 것이다.7) 제

---

5) 루이스 벌코프, 『벌코프 조직신학』, 권수경, 이상원 역 (경기도: 크리스찬 다이제스트, 2006), 164.

6) 루이스 벌코프, 『벌코프 조직신학』, 174-180.

7) G. I. 윌리암스, 『웨스트민스터 신앙고백서 강해』, 나용화 역 (서울: 개혁주의신

1장 6절에서는 또한 성경에다 성령의 새로운 계시에 의해서든지 혹은 인간의 전통에 의해서든지 아무것도 어느 때를 막론하고 더 첨가할 수 없다고 한다.[8]

도교의 경전은 사람 자신이 터득한 철학을 정리한 것으로 신적 권위가 없다. 그리고 오랜 역사 가운데 수없이 많은 내용이 첨가되고 그 기본 내용이 수정되고 발전되었다. 이런 현상은 진리인 성경에서는 볼 수 없는 현상이다.

b. 불교(佛)와의 융합 : 계시론에 근거한 종교 혼합주의 비평

도교와 불교는 서로 앙숙지간[9]으로 항상 다툼이 그치지 않았으며 물과 기름, 물과 불처럼 서로 어울리지 않았다. 특히 초당(初唐)에 이르러서는 도사 출신인 부혁(傅奕)이 불교에 대해 심한 공격을 가하기도 했다. 부혁은 불교가 외해(外海)에서 들어온 것이라 하여 '오랑캐 신'을 숭배하고 있다고 비방했다. 도사 이중경(李仲卿)은 기회를 틈타 불교를 오랑캐교라 배척하면서 "동쪽과 북쪽의 오랑캐 우두머리는 감히 왕이라 칭할 수 없으니 초나라와 월나라의 군주는 스스로 폄하하여 자(子)라고 한 것이다."고 말하였다. 그러자 불교에서도 이에 대항하여 노자는 '속인(俗人)'인바 "관직이 말단이기에 엎드려 절하는 정도이며, 맡은 바가 겨우 서고(書庫) 관리직에 불과하고 지위가

행협회, 1990), 9.

8) G. I. 윌리암스, 『웨스트민스터 신앙고백서 강해』, 23.

9) 앙심을 품고 서로 미워하는 사이 또는 그런 관계.

아형[10](阿衡)과는 거리가 멀기" 때문에 근본부터 상대가 안 된다고 하였다. 이와 같이 서로 앙숙지간인 도교와 불교가 어떻게 수용되고 융합되었을까? 이러한 논쟁과 상호 비방 속에서 양가의 철리(哲理)・의식・방법, 심지어는 신보(神譜)에 이르기까지 서로의 눈치를 살피면서 융합되어 갔다.[11]

불교가 양한(兩漢) 교체시기에 전래되기 시작해서 중국에 토착화 되면서 발전하는 과정과 도교가 창립되어 완성되어 가는 과정은 맞물려 있었다. 도교를 창립한 사람들은 도가 사상을 도교의 문화의 주춧돌로 확립할 즈음에 이를 보완할 만한 주변 자원을 거울로 삼아 참고했다. 이로 인해 불교는 도교의 지도자 마음에 들게 되었다. 위에서 말한 것처럼 불교가 점점 전파됨에 따라 도교와 불교 인사들이 서로 접촉할 기회가 많아졌고 이로써 다른 종교의 경전을 열람하는 것이 더욱 쉬워졌다. 도교에서는 불교의 인과응보, 지옥, 윤회 등과 같은 학설을 도교의 경전에 수용하였다.[12]

성경말씀에 "오직 너희가 그들에게 행할 것은 이러하니 그들의 제단을 헐며 주상을 깨트리며 아세라 목상을 찍으며 조각한 우상들을 불사를 것이니라."(신 7:5), 또한 신명기 7장 25절[13]에서 말하길 유일한 참 하나님이신 여호와는 스스로 계시

---

10) 은나라의 이윤이란 사람의 관직, 재상을 말한다.

11) 葛兆光, 『道敎와 中國文化』, 沈揆昊 역 (서울: 東文選, 1993), 224-225.

12) 잔스촹, 『도교문화 15강』, 안동준, 런샤오리 역 (경기도: 한영출판사, 2012), 94-95.

는 분으로서 천하 만물을 말씀으로 창조하셨으며, 그 모든 것을 장관(掌管)하시는 분이시다. 그의 말씀은 진리이시고 예수 그리스도를 믿는 기독교는 참된 신앙과 믿음의 종교이다. 그러므로 하나님은 두 분이 될 수 없으며 다른 것과 혼합될 수 없고 다른 것과 공유되거나 융합될 수 없다. 그러나 도교는 자신들의 필요에 따라 불교와 그 외의 민간 종교 그리고 애니미즘(animism)[14]사상을 수용하고 융합해 감으로써 종교 혼합주의의 길을 걷게 되었다. 이것은 스스로가 참된 종교가 아니라는 것을 드러낸 것이며, 그 경전인 도장(道藏) 역시 진리의 말씀이 아님을 드러낸 것이다.

개혁주의 전통교리를 보면, 신적인 계시가 없이는 진정한 의미에서 종교는 존재하지 않는다. 만약 하나님께서 자연에서, 섭리에서, 또 경험에서 자신을 계시하지 않았다면 세상의 이방인 가운데 종교가 존재하지 않았을 것이며, 만약 하나님께서 자신의 신적인 말씀으로 구체화된 당신의 특별계시로 인간을 부요하게 하시지 않으셨다면, 오늘날 이 세상 어느 곳에도 참 종교는 존재하지 않았을 것이다. 왜냐하면 하나님께서 받으실 만한 예배와 봉사를 결정하는 것이 바로 이 계시이기 때문이다.[15] 하나님의 계시가 없는 도교는 필요하다고 생각하면 언제

---

13) 너는 그들이 조각한 신상들을 불사르고 그것에 입힌 은이나 금을 탐내지 말며 취하지 말라 네가 그것으로 말미암아 올무에 걸릴까 하노니 이는 네 하나님 여호와께서 가증히 여기시는 것임이니라

14) 모든 사물에는 영혼과 같은 영적, 생명적인 것이 두루 퍼져 있으며, 삼라만상의 여러 가지 현상은 그것의 작용이라고 믿는 세계관

15) 루이스 벌코프, 『벌코프 조직신학』, 권수경, 이상원 역 (경기도: 크리스챤 다이

든지 다른 종교를 수용하고 융합하여 자기 것으로 만들었다. 이는 진리를 지키는 기독교와 다른 모습이다.

≪웨스트민스터 신앙고백서≫제1장 10절에서는 최고의 재판관은 성경에서 말씀하시는 성령 외에 다른 아무도 될 수 없다. 이 재판관에 의하여 종교에 관한 모든 논쟁들이 결정되어야 하고 교회 회의의 모든 신조들과 고대 교구들의 학설들과 사람들의 교훈들과 거짓 영들이 검토되어야 하며, 그의 판결에 우리는 순복해야 한다.16) 진리의 말씀으로 평가하고 거짓된 영이나 가르침을 멀리해야 한다.

2. 기독교와 도교의 신관 비교

a. 도교의 신격화-황노사상(黃老思想) : 신론에 근거한 도교의 신격화 비평

도교에서 말하는 '황노지학'에서 '황노'는 황제와 노자를 가리킨다. 이들은 진시황 이전 시대에 도가(道家)의 깃발이자 실천적 모델 역할을 했다. 도가의 노자든 장자든 모두 연단(鍊丹), 부록(符籙), 과의(科儀)를 말하지 않았으며, 귀신과 푸닥거리를 미신으로 반대했다. 더구나 육체의 장생불사와 우화등선

제스트, 2006), 124.

16) G. I. 윌리암스, 『웨스트민스터 신앙고백서 강해』, 나용화 역 (서울: 개혁주의신행협회, 1990), 39.

(羽化登仙)을 추구하지 않았다. 단지 노자는 '하늘처럼 오래 살 수 있다.'(天長地久)를 인정할 뿐이었다.[17] 그러나 도교는 많은 사상들을 흡수했으며 도가를 종교 세력으로 나아가는 교량으로 삼았다. 지난 시대의 무속과 신성방술은 단지 세속의 미신이라고 할 수 있지만, 그들이 도가의 이론에 결부되어 독특한 도교 신학체계를 형성했다. 도교는 도가를 받아들이는 과정에서 자연스럽게 노자를 높여 자신들의 교주이자 존귀한 신으로 받아들였다. 이때 그들은 노자를 신화화하고 노자의 책을 받아들여 학습하였는데, 이것이 초기 도교가 탄생하게 된 중요한 지표이다.[18]

노군(老君)으로 신격화된 노자가 언제나 도교의 최고신의 범주에 속해 있던 것은 아니라도 노자의 신격화는 매우 이른 시기에 이루어졌다.[19]

동한 후기에 황로학이 변하여 황로숭배로 되었으며 환제(桓帝)는 궁 안에 황로의 부도(浮圖)를 모시는 사당을 세웠고 장각은 황로의 도를 받들었으며, 변소(邊韶)는 「노자명老子銘」을 지어 노자를 신격화하면서 "노자는 혼돈의 기에서 벗어날 수도 합할 수도 있고, 삼강과 더불어 처음과 끝을 함께 한다."라고 하였다. 이러한 사항들은 황로숭배의 경향이 사회의 저변에 보편적으로 나타났음을 보여준다. 동한 말기의 도교는 노자를 신

---

17) 牟鐘鑒, 『중국 도교사·신선을 꿈꾼 사람들의 이야기』, 이봉호 역 (서울: 예문서원, 2015), 25.

18) 牟鐘鑒, 『중국 도교사·신선을 꿈꾼 사람들의 이야기』, 27.

19) 막스 칼텐마르크, 『노자와 도교』, 장원철 역 (서울: 도서출판까치, 1993), 204.

격화하여 그들의 중심으로 삼았고, 이러한 경향은 이후 장자(莊子)를 신격화하는 것으로 이어갔다.[20]

성경말씀 신명기 10장 17절[21]과 신명기 4장 23-24절에서 "너희는 스스로 삼가 너희의 하나님 여호와께서 너희와 세우신 언약을 잊지 말고 네 하나님 여호와께서 금하신 어떤 형상의 우상도 조각하지 말라 네 하나님 여호와는 소멸하는 불이시요 질투하는 하나님이시니라"라고 말씀하셨다. 위의 신명기 말씀들을 볼 때 하나님은 사람들에 의하여 추대된 인위적 산물이 아니다. 하나님은 스스로 존재하신다. 그렇지만 도교의 신격화는 명백히 인위적인(人爲的) 산물일 뿐이다. 그러므로 믿고 따를 수 있는 신앙의 대상이 아님이 분명하다.

하나님 존재에 관한 정통교리를 보면, 하나님은 자존하신다고 선포한다. 즉 하나님은 자기 자신 안에 그의 존재를 가진다. 하나님께서는 자기 자신의 존재의 필연성에 의하여 필연적으로 존재하시는 무원인자이시다. 반면에 인간은 필연적으로 존재하지 않으며 자기 존재의 원인을 자신의 외부에 가지고 있다. 또한 하나님은 불변하시다. 그것은 하나님께서 그의 존재에서 뿐 아니라 그의 완전성과 목적과 약속에 있어서도 전혀 변경이 없다는 의미에서 하나님의 속성이다. 그리고 하나님은 모든 제한으로부터 자유로운 무한성을 가지고 계신다. 이처럼

---

20) 牟鐘鑒, 『중국 도교사-신선을 꿈꾼 사람들의 이야기』, 28.
21) 너희의 하나님 여호와는 신 가운데 신이시며 주 가운데 주시요 크고 능하시며 두려우신 하나님이시라.

하나님은 스스로 존재하신다.[22] 또한 하나님의 삼위일체적 존재 사실은 하나님이 온전한 의식에서 하나이시다(마 11:27, 요 1:17; 10:15, 고전 2:10)라는 것이다. 그러나 범신론은 하나님의 독립된 존재 사실을 부인한다.[23]

개혁신앙의 표준이 되는 ≪웨스트민스터 신앙고백서≫는 하나님에 대하여 이렇게 말하고 있다. "하나님은 본질적으로, 스스로 모든 생명과 영광과 선과 복을 가지고 계신다. 그는 본질에 있어서, 그리고 자기에 대하여 홀로 완전히 자족하신다. 그래서 그는 자기가 만드신 피조물의 도움을 필요로 하지 않으시며, 그들에게서 아무 영광도 얻으려 하지 않으시고, 다만 자신의 영광을 피조물들 안에서, 그것들에 의해서, 그것들에게 그것들 위에, 나타내실 뿐이다."라고 한다.[24]

위의 진술들과 비교하여 도교의 신격화를 비평하면, 도교는 노자를 만신(萬神)의 신으로 추대하여 높이고자 하였으나, 사람이 사람을 신격화해서 높인다고 하여 신(神)이 되어 높여지는 것이 아니다. 노자는 인간일 뿐이지 신이 아니다.

---

22) 루이스 벌코프, 『벌코프 조직신학』, 권수경, 이상원 역 (경기도: 크리스찬 다이제스트, 2006), 251-253.

23) 헤르만 바빙크, 『개혁주의 신론』, 이승구 역 (서울: 사)기독교문서선교회, 2009), 270-271.

24) G. I. 윌리암스, 『웨스트민스터 신앙고백서 강해』, 나용화 역 (서울: 개혁주의신행협회, 1990), 42.

b. 도교가 만든 신지(神祇) : 신론에 근거한 인간이 만든 신(神) 비평

도교는 중국에서 최초로 가장 계통적인 신의 계보를 지니고 있는 종교이다.[25] 도교는 다신교(多神教)이다.[26] 도교의 신명(神明) 기록은 자주 큰 변화가 있다. 예를 들어 '관음(觀音)'은 원래 인도의 남신이다. 그러나 중국에서는 공주로 변하였다. 처음에 불교에서 그를 여(女)보살로 변화시켰고 그 후에 도교에서 신으로 만들었다. 이처럼 자기들의 욕심을 따라 남자를 여자로 변하게 하고 시조에 적응하도록 만들었으며 충분히 사람들이 자기의 마음에 따라 신을 만들고 있음을 드러낸다.[27]

도교의 신선계보를 편찬한 도홍경(陶弘景)의 ≪진령위업도眞靈位業圖≫에 도교의 신들이 질서정연하게 7단계로 각자의 자리를 메우고 있다. 그 중에 제4단계는 태청태산노군(太淸太山老君)을 중심으로 하고 있다. 태상노군은 노자를 말한다. 초기의 도교는 노군을 만신(萬神)의 신으로 받들었으나 여기서는 더 이상 그렇지 않다. 도교의 신귀(神鬼) 계통이 성숙되어진 상태에서 만들어진 계보에는 노군이 더 이상 우주의 주인이 아니며, 만신의 신도 아닌 '태청교주', 즉 도교의 일개 교주에 불과하다는 것을 알 수 있다. 이처럼 신들의 위치와 위엄 또한 수시로 변할 수 있다.[28]

---

25) 葛兆光, 『道教와 中國文化』, 75.

26) 朱越利, 『当代中國 : 宗教禁忌』(北京: 民族出版社, 2001), 77.

27) 梅榮相, "緬華教會向当地華人民間信仰群体布道策略之探究" (教牧博士學位論文, 馬來西亞浸信會神學院, 2014), 240.

도교는 수많은 신들을 가지고 있는데 그 이유는 사람들의 필요에 따라 신들을 만들어 모셨기 때문이다. 사람들의 필요는 두 가지로 볼 수 있는데, 먼저 생활이 불안정했을 때 자신을 보호구제하고 안정된 생활을 할 수 있게 해 주는 존재가 없기 때문에 신을 만들어 안정된 생활을 추구했다. 둘째는 인간에게 피해와 재난을 가져다주는 정령들과 망령들이 많다는 생각 때문에 이들로부터 자신들을 보호하기 위하여 신을 만들어 내게 되었다.[29]

성경말씀에서는 우상 만들기와 우상숭배에 대하여 분명히 말하길 "이 나무는 사람이 땔감을 삼는 것이거늘 그가 그것을 가지고 자기의 몸을 덥게도 하고 불을 피워 떡을 굽기도 하고 신상을 만들어 경배하며 우상을 만들고 그 앞에 엎드리기도 하는구나 …… 그 나머지로 신상 곧 자기의 우상을 만들고 그 앞에 엎드려 경배하며 그것에게 기도하여 이르기를 너는 나의 신이니 너는 나를 구원하라 하는 도다"(사 44:15; 44:17)

우상 제조자는 그 생명 없는 나무로 만든 신상 앞에 엎드려 경배한다. 여기에서 '경배하며'에 해당하는 '와이쉬타후'의 원형 '하와(חוה)'는 '몸을 굽혀 엎드린다'는 의미를 지니고 있다(창 18:2; 23:7; 33:6). 고대 근동에서 몸을 굽히는 행위는 노예가 주인에게 굴복의 표시로, 나이가 젊은 사람이 노인에게 공경의

---

28) 葛兆光, 『道教와 中國文化』, 沈揆昊 역 (서울: 東文選, 1993), 77.

29) 구보 노리따다, 『道教史』, 최준식 역 (서울: 분도출판사, 1990), 28.

표시로, 또한 사람이 신적 존재에게 예배의 태도로 취하는 동작이다. 그런데 우상 숭배자들은 이와 같은 태도를 자신들이 새긴 나무 앞에서 취한다. 그러나 그것은 아무 생명 없는 나무일 뿐이다.[30)

개혁주의 정통교리는 하나님의 단일성을 단수성과 단순성으로 구분한다. 단수성은 하나님의 유일성과 독특성, 즉 하나님이 숫자적으로 한 분이라는 사실과 그 점에 있어서 하나님께서 독특하다는 사실을 강조한다. 이것은 단지 한 분의 신적인 존재가 존재하며, 본성상 오직 한 분만이 있을 수 있다는 것과 다른 모든 존재들이 그로부터 나와서, 그를 통하여, 그에게로 돌아간다는 사실을 나타낸다. 단순성은 하나님이 어떠한 의미에서든지 합성물이 아니며, 구분을 허용하시지 않는다는 사실을 의미한다.[31) 하나님은 이 속성과 일치한다. 하나님은 자신이 소유하신 바로 그것이다. 하나님께 있어 '존재한다'는 것은 곧 지혜롭다, 선하다, 능력이 있다는 말과 동일하다. 하나님의 모든 속성은 하나님의 본질과 일치한다.[32)

≪웨스트민스터 신앙고백서≫는 살아계시고 참되신 하나님은 오직 한 분만 계신다. 그는 존재와 완전성에서 무한하시고 가장 순결한 영으로써 볼 수 없고 몸과 지체가 없으시며 성정

---

30) 한성천, 김시열, 『옥스퍼드 원어성경대전 059 이사야 36-44』(서울: 제자원, 2006), 598.

31) 루이스 벌코프, 『벌코프 조직신학』, 권수경, 이상원 역 (경기도: 크리스찬 다이제스트, 2006), 256.

32) 헤르만 바빙크, 『개혁파 교의학』, 김찬영, 장호준 역 (서울: 새물결플러스, 2015), 314.

도 없으시고 변치 않으시고 광대하시고 영원하시고 측량할 수 없으시고 전능하시고 가장 거룩하시고 가장 자유로우시고 가장 절대적이라고 한다.[33]

도교는 자신들의 필요에 따라 자격도 없는 인간과 만물을 신격화해서 모시며 신도들과 민중을 기만해 왔다. 오늘날 중국도 우상숭배의 죄와 그 결과들로 고통을 겪고 있다.[34] 또한 하나님과 열방 신들의 차이점은 하나님은 사람들을 데려가시지만 열방의 신들은 사람들이 모시고 가야한다. 왜냐하면 생명이 없는 물건으로 만든 우상은 스스로 움직이지 못하기 때문이다.[35] 그러므로 우상은 생명이 없다.

3. 기독교와 도교의 구원관 비교

a. 도교의 육체 불멸사상 비평-장생불사(長生不死)

인간 세계에는 수많은 재난과 고통, 질병이 있다. 인간은 이것들을 마주하면서 인생의 짧음과 생존의 어려움을 의식하기 마련이다. 그래서 『태평경太平經』에서는 생명에 대한 애착과 죽음에 대한 두려움을 강조한다. 그리고 죽음을 면하려면 반드

---

33) G. I. 윌리암스, 『웨스트민스터 신앙고백서 강해』, 나용화 역 (서울: 개혁주의신행협회, 1990), 42.

34) Ralph D. Winter, Steven C. *Hawthorne, Perspectives on The Christian Movement* (California: William Carey Library, 1999), 146.

35) 존 파이퍼, 『열방을 향해가라』, 김대영 역 (서울: 좋은 씨앗, 2003), 54.

시 수행의 노력을 통해 썩어 문드러지는 것을 피해 '선택된 종민'이 되어 장생불사하는 선인이 될 수 있다고 말한다.[36]

도교도들은 기원전 4세기경부터 오늘날까지 신선에 대해 계속 강하게 동경해 왔다. 신선이 영원히 젊은 상태로 죽지 않는 것, 즉 불로불사(不老不死)인 것, 보통의 인간이 아무리 해도 결코 충족되지 않는 여러 가지 소원을 전부 실현가능하게 할 수 있다는 것, 현세에서의 쾌락이 그대로 영원할 수 있다는 것 등이 그 원인이었다. 인간이 품고 있는 모든 꿈을 즉석에서 충족시켜주는 것이 가능한 존재, 그것이 바로 신선(神仙)이었다.[37]

사람이 신선으로 화(化)할 수 있다는 도교의 믿음은 각종 연금술에 대한 실험을 낳았다. 기원전 2세기에 위백양(魏伯陽)의 『참동계參同契』, 갈홍의 『포박자抱朴子』와 같은 초기 문헌에 연단의 방법에 관한 기사가 실려 있다. 금단에 수은, 납, 유황 기타 요소들이 들어 있어 중독의 부작용을 인정하면서 그 영향을 믿으라고 권했다. 금단 중독으로 설사 죽음에 이르더라도 그러한 죽음은 장생을 얻는 과정에서의 잠시적인 단계에 불과한 것으로 여겨졌다.[38]

독이 있으면 생명을 내놓고 독이 없으면 선약이 되었으니 오

---

36) 잔스촹, 『도교문화 15강』, 안동준, 런샤오리 역 (경기도: 한영출판사, 2012), 165.

37) 구보 노리따다, 『道敎史』, 최준식 역 (서울: 분도출판사, 1990), 83.

38) 한스 큉, 줄리아 칭 『중국 종교와 그리스도교』, 이낙선 역 (서울: 분도출판사), 1994, 167.

랜 기간 동안의 실천과 무수히 죽어간 도사들의 생명은 후임들에게 각종 무기물의 성질을 식별할 수 있는 경험을 제공했다. 그러나 미신은 결국 미신이니, 이러한 방사들의 기술은 도교에 의해 계승된 후에 본래의 모호한 내용에다가 신비의 색체를 한 겹 씌웠으며, 후에는 종교적 과장에 의해 신비한 비결이 되었다.[39]

b. 인간론에 근거한 육체 불멸사상 비평

성경에서 "우리의 년 수가 칠십이요 강건하면 팔십이라도 그 년 수의 자랑은 수고와 슬픔뿐이요 신속히 가니 우리가 날아가나이다."(시 90:10)라고 한다. 이 말씀은 우리 인생의 연한이 제한되어 있음을 분명히 말하고 있다. 그러므로 사람이 장생불사하여 신선이나 그 어떠한 다른 형태로 변화될 수 없음을 분명히 하고 있다. 도교에서 주장하는 방법 중 그 어떤 방법으로도 우리의 창조주이신 하나님이 각자에게 주신 생명의 연한을 하루라도 감하거나 더할 수 없다. 또한 시편 39편 4절[40] 말씀처럼 하나님 앞에서 피조물인 우리는 연약한 존재이다. 죄로 인하여 시작된 육체의 죽음은 모든 인간에게 동일하게 적용된다. 그 어떠한 방법으로도 인간은 장생불사하여 다른 존재가 될 수 없다.

---

39) 葛兆光, 『道敎와 中國文化』, 沈揆昊 역 (서울: 東文選, 1993), 160.

40) 여호와여 나의 종말과 연한이 언제까지인지 알게 하사 내가 나의 연약함을 알게 하소서

개혁주의 정통교리를 보면, 하나님의 형상의 구성요소는 첫째는 인간의 혼 또는 영, 즉 단순성·영성·불가시성·불멸성과 같은 자질들, 둘째는 합리적인 인간의 힘과 기능들, 즉 다양한 기능을 갖춘 지성과 의지, 셋째는 참된 지식과 의와 거룩을 통하여 나타나는 인간 본성의 지적이고 도덕적인 순전성(엡 4:24, 골 3:10), 넷째는 물질적인 신체로서가 아닌 불멸성을 공유하는 영혼의 적절한 기관으로서 동시에 하급 피조물을 지배하는 도구로서의 인간의 몸, 다섯째는 땅에 대한 인간의 지배 등이다.[41]

인간이 불멸의 존재로 창조되었다는 말은 그 영혼이 끝없는 실존을 부여받았을 뿐만 아니라 자기 자신 안에 육체적인 죽음의 씨앗을 지니고 있지 아니하며, 원래 상태의 인간은 죽음의 법칙에 종속되지 않았다는 뜻이다. 죽음은 죄에 대한 형벌로서 찾아온 것이며(창 2:17), 이 죽음에는 육체적, 신체적 죽음이 포함되어 있음을 창세기 3장 19절에 분명히 밝혀 주고 있다. 바울은 죄가 죽음을 세상에 가져왔으며(롬 5:12, 고전 15:20; 15:21) 죽음은 죄의 삯으로 간주 되어야 한다고 말한다(롬 6:23).[42]

≪웨스트민스터 신앙고백서≫제6장 2절에서는 이 죄로 말미암아 그들의 본래의 의를 잃게 되었고 하나님과의 교통이 끊어지게 되었다. 그래서 죄로 죽게 되었고 영과 육의 모든 기능들

---

41) 루이스 벌코프, 『벌코프 조직신학』, 권수경, 이상원 역 (경기도: 크리스찬 다이제스트, 2006), 417.

42) 루이스 벌코프, 『벌코프 조직신학』, 415.

과 기관들이 전적으로 더럽혀지고 말았다.[43] 인간의 육체는 제한 된 시간 동안만 생명을 영위할 수 있다. 그러므로 도교에서 말하는 수련, 약 복용 등의 방법으로 장생불사할 수 없다.

4. 기독교와 도교의 내세관 비교

a. 도교의 지상왕국 사상 비평-동천복지(洞天福地)

동천복지는 도교 우주론의 이론적 모형을 공간적으로 구현해 놓은 것이다. 수도자들의 이상적인 전형인 신선이 이곳에 살고 있다. 도교는 그 기본 정신상 신선을 따를 수밖에 없는데, 이 때문에 도교도들은 동천복지에 관심을 쏟게 되었다. 도교의 형성 초기에 출현한 '치(治)'는 동천복지의 견본에 해당한다.[44]

도교의 동천복지 가운데 궁관(宮觀) 유적은 실제로 드러나 있는 아주 중요한 상징물이다. 궁관은 '궁'과 '관'을 통합한 명칭이다. 역사상 '궁'은 본래 건물을 통칭하는 것이다. 무당산은 도교 72복지 중의 하나로 위진(魏晉)시대 때부터 도인들이 여기를 찾아와 머물면서 수련을 했다고 한다. 포교의 수요가 급증함에 따라 수련을 할 거처를 마련하기 위해 도인들은 산속의

---

43) G. I. 윌리암스, 『웨스트민스터 신앙고백서 강해』, 나용화 역 (서울: 개혁주의신 행협회, 1990), 92.

44) 잔스촹, 『도교문화 15강』, 안동준, 런샤오리 역 (경기도: 한영출판사, 2012), 641.

많은 궁관을 연이어 건립했다.[45]

중국에는 3,000개 이상의 사원, 수도원, 그리고 성스럽다고 하는 장소를 가지고 있다.[46] 그러므로 현재에도 사람들은 동천 복지와 같은 유토피아에서 장생불로하려는 소망을 갖고 살고 있다. 도교는 그러한 사람들에게 정신적 욕구를 채워주는 것뿐만 아니라 현재하는 궁관이나 복지 등을 직접 찾아가 관광하고 또 현지 생활체험 등을 통해서 그들의 염원이 현실화 될 것이라는 신앙들을 갖게 된다. 이것은 도교가 문화화되어서 사람들에게 큰 정신적 영향을 준 동시에 실제 삶에서도 그 영향권 아래에서 살아가게 했다.

b. 종말론에 근거한 지상왕국 사상 비평

성경말씀에 "내 아버지 집에 거할 곳이 많도다 그렇지 않으면 너희에게 일렀으리라 내가 너희를 위하여 거처를 예비하러 가노니 가서 너희를 위하여 거처를 예비하면 내가 다시 와서 너희를 내게로 영접하여 나 있는 곳에 너희도 있게 하리라"(요 14:2-3)라고 예수 그리스도께서 부활 승천하시어 우리를 위하여 천국에 거처를 예비하러 가셨다고 말씀한다.

또한 히브리서 11장 16절[47] 말씀처럼 예수 그리스도를 믿는

---

45) 잔스창, 『도교문화 15강』, 652.

46) Foster Stockwell, *Religion in China Today* (Beijing: New World Press, 1996), 77.

47) 그들이 이제는 더 나은 본향을 사모하니 곧 하늘에 있는 것이라 이러므로 하나님이 그들의 하나님이라 일컬음 받으심을 부끄러워하지 않으시고 그들을 위하여 한 성을 예비하셨느니라

그리스도인들은 내세에 소망을 갖고 이 땅에서 외국인과 나그네(참조 히 11:13)로 살았다. 기독교에서 말하는 천국은 지상에 건설되는 왕국이 아니요, 사람이 연수를 다 하고 죽어서 가는 하나님의 나라이다. 그러므로 양생수련을 통하여 장생불사는 가능하지 않으며 수명을 하루라도 연장할 수 없다. 또한 살아서든 죽어서든 신선이 되어 가고자하는 지상 어딘가에 있다고 하는 동천복지라는 곳은 없다.

개혁주의 정통교리를 보면, 새 하늘과 새 땅이 세워진 후에 하나님께로부터 새 예루살렘이 내려올 것이며 하나님의 장막이 사람들 가운데 있을 것이며 의인들은 그들이 누릴 영원한 기쁨에 들어갈 것이다. 천국에 관한 성경의 기록은 분명 하나의 장소로 언급되어 있다. 그리스도께서 하늘로 올라 가신 것은 단순히 그가 한 장소에서 다른 장소로 가신 것을 의미한다. 천국은 많은 처소를 가진 우리 아버지의 집이다. 신자들은 그 안에 있고 불신자들은 바깥에 있게 된다(마 22:12-13). 성경은 의인이 하늘을 상속 받을 뿐만 아니라 모든 신천지를 상속 받을 것이라는 사실을 말한다(계 21:1-3). 거기에서 의인은 하나님과의 교제 가운데 삶의 충만함을 누리고 이 하나님과의 교제가 영생의 핵심이다(계 21:3).[48] 그리스도와 교제하는 삶은 하나님 아버지 집에서 살아가는 삶이다. 지금 그리스도는 하나님 아버지와 함께 있다. 그리스도는 자신에게 속한 사람들에게 다

---

48) 루이스 벌코프, 『벌코프 조직신학』, 권수경, 이상원 역 (경기도: 크리스찬 다이제스트, 2006), 1014-1015.

음과 같은 것, 곧 그들도 그가 있는 곳에 있게 될 것이라고 약속했다(요 14:3). 그들은 하나님 아버지의 집에서 그 분과 함께 있게 될 것이다.[49]

≪웨스트민스터 신앙고백서≫제32장 1절에서 인간의 육체는 사후에 흙으로 돌아가 썩게 되나 영혼은 불멸적인 본질을 가지고 있기 때문에 그것을 주신 하나님께로 즉시 돌아간다. 그러나 사악한 자의 영혼은 지옥에 던지어져 거기서 고통과 칠흑 같은 어두운 가운데 지내며 마지막 날 심판을 기다리게 된다. 성경은 육신이 죽은 후에 영혼이 갈 곳으로 이 두 장소(천국과 지옥) 외에는 아무것도 인정하지 않고 있다.[50] 도교에서 말하는 사람이 수련을 통하여 갈 수 있다고 하는 유토피아, 즉 선경(仙境)은 존재하지 않는다. 예수 그리스도를 믿지 않고 죽은 사람들은 지금 지옥에 있다.

5. 기독교와 도교의 우주 생성관 비교

a. 도교의 우주 생성관 비평-우주 기원론(起源論)

중국 최초의 우주론자는 노자이다. 노자는 이전 시대 사람들의 이론적 성과를 비판적으로 계승한 기초 위에 실체를 관측하

---

49) J. 판 헨더렌 & W. H. 펠레마, 『개혁교회 교의학』, 신지철 역 (서울: 새물결플러스, 2018), 1348.

50) G. I. 윌리암스, 『웨스트민스터 신앙고백서 강해』, 나용화 역 (서울: 개혁주의신행협회, 1990), 404.

고 추상적 이론을 결합시켰다. 비교적 완벽한 우주론을 처음으로 제기해서 이 영역에서 선구자가 되었다. 도교의 우주론은 노자나 장자와 같은 전통 도가의 우주학설을 기초로 성립된 것이다.

우주는 어떻게 발생했는가? 도교인들은 도(道)를 우주의 근본으로 삼았다. 또한 기의 개념을 도입해 우주론을 구축하는 기본범주를 설정했다. 도는 비록 우주만물의 근본이기는 하지만 동시에 '텅 비어 있는' 현허(玄虛)의 실체이기도 하다. 이 속에서 만물이 어떻게 생겨날 수 있는가를 해결하기 위하여 "도에서 하나가 나온다."(道生一)는 논리에 따라 기(氣)를 우주의 생성 과정의 중요한 연결 고리로 간주했다. 곧 기가 노자의 '하나'에 해당한다.

최초의 기는 카오스 상태의 원기(元氣)라고 한다. 원기에서 태양·태음·중화(中和)의 세 가지 기가 생성되어 나온다. 태양의 기는 맑고 가벼워 위로 올라가 하늘이 되었고, 태음의 기는 무거워 땅이 되었으며, 중화의 기는 사람을 낳았다. 천지인이 서로 감응해 만물을 만들었다. 이것이 도교 철학에서 제시하는 우주만물 생성의 논리적 틀이다.[51]

b. 창조론에 근거한 우주 생성관 비평

하나님이 천지를 창조하셨다는 성경의 증거는 느헤미야 9장

---

51) 잔스촹, 『도교문화 15강』, 안동준, 런샤오리 역 (경기도: 한영출판사, 2012), 261.

6절[52])과 "태초에 하나님이 천지를 창조하시니라"(창 1:1)이다. 창세기 1장 1절을 칼빈은 태초에 하나님이 천지를 창조하실 때 땅은 텅 비어 있었고 쓸모가 없었다. 모세는 '창조하시니라' 는 말로 그 전에 존재하지 않았던 것이 지금 만들어졌다고 가르치고 있다. 여기서 그는 '짜 맞추다' 혹은 '모양을 만들다' 는 뜻을 가진 ‎יצר(야짜르)라는 말을 사용하지 않고 ‎ברא(바라), 즉 '창조하다'라는 말을 사용한다. 그러므로 모세가 의미하고 있는 것은 세상이 무(無)에서 만들어졌다는 것이다.[53]) 라고 주석했다. 이 외에도 하나님께서는 말씀으로 하늘을 창조하시고 땅을 창조하셨다는 성경의 증거는 많다(창 1:7-10). 더 나아가 창세기 1장 27절[54])에서 말씀으로 하나님이 인간을 창조하셨다. 천하 만물은 도교에서 말하는 것처럼 원기(元氣)에서 생성된 하늘과 땅과 사람이 감응해 만들어 내는 것이 아니라 하나님께서 말씀으로 천지만물을 창조하셨다.

개혁주의 정통교리를 보면, 창조에 대한 교회의 신앙은 사도신경의 첫 항목에 포함되어 있다. "전능하사 천지를 만드신 하나님 아버지를 내가 믿사오며", 이것은 하나님이 그의 전능하신 능력으로 무로부터 우주를 창조하셨다는 초대교회의 신앙

---

52) 오직 주는 여호와시라 하늘과 하늘들의 하늘과 일월성신과 땅과 땅 위의 만물과 바다와 그 가운데 모든 것을 지으시고 다 보존하시오니 모든 천군이 주께 경배하나이다.

53) 존 칼빈, 『舊約聖經注釋 제1권 창세기 I 』, 聖經注釋出版委員會 譯 (서울: 新敎出版社, 1978), 45.

54) 하나님이 자기 형상, 곧 하나님의 형상대로 사람을 창조하시되 남자와 여자를 창조하시고.

의 표현이다. "천지를 만드신 하나님"이라는 표현은 신경의 원래 형태에는 포함되지 않았으며 후대에 첨가된 것이다. 그것은 성부 즉 삼위일체의 제1위에게 만물의 기원을 돌린다. 이것은 만물이 성부로부터 성자로 말미암아, 성자 안에서 나왔다는 신약 성경의 표현과 일치한다.[55] 우주는 도교에서 말하는 것처럼 도에서 나온 기(氣), 즉 원기(元氣)에서 생성되고 진화된 것이 아니다.

≪웨스트민스터 신앙고백서≫제4장 1절에서는 성부, 성자, 성령 하나님께서는 태초에 그의 영원하신 능력과 지혜와 인자하심의 영광을 나타내시기 위하여 무(無)에서부터 세계와, 그 안에 있는 모든 것들을, 보이는 것이든 보이지 않는 것이든, 육일 동안에 창조하시기를 기뻐하셨으니, 모든 것이 심히 좋았다.[56] 라고 고백한다. 도교에서는 '도'(道)를 현허(玄虛)의 실체라고 하고 만물의 생성 전에 '도'가 존재했다고 하지만 하나님께서는 천지를 창조하실 때에 말씀으로 무(無)에서 창조하셨다.

---

55) 루이스 벌코프, 『벌코프 조직신학』, 권수경·이상원 역 (경기도: 크리스찬 다이제스트, 2006), 332.

56) G. I. 윌리암스, 『웨스트민스터 신앙고백서 강해』, 나용화 역 (서울: 개혁주의신행협회, 1990), 72.

6. 기독교와 도교의 예배관 비교

a. 제의(祭儀) 비평-도교 과의(科儀)[57]

도교는 상고시대의 종교적 제의를 단순히 흡수하는데 그치지 않고 철저히 융해한 기초 위에 다시 새로운 것을 창조해 그 내용을 풍부하게 함으로써 복잡한 과의 체계를 형성했다. 제초(齋醮)의식은 도교 과의(科儀)의 중심이지만 도교 과의의 전부는 아니다.[58] 신성화된 행위인 '과의'를 통하여 종교적 개념이 진실이며, 종교적 지시가 옳은 것이라는 확신이 발생한다.[59]

도교에서는 개인의 심신 수행을 매우 중요시 여기고 수신을 하는데 여러 방법들이 있고 이것들이 정리되어 일정한 절차가 마련되면 그것이 바로 과의가 된다. 신명에게 제사를 지내고 귀신을 제도하는 과의는 이런 요구에 의해 생겼다. 전통적으로 도교의 과의로 손꼽히는 것으로는 '삼록칠품'이라는 것이 있다. 그중에서 삼원제는 삼원일(三元日)에 천지수(天地水) 삼관에게 잘못을 비는 제법(齋法)이다. 삼원은 천관의 생일이고, 중원은 지관의 생일이며, 하원은 수관의 생일이다. 도교에서는 삼원일에 자신이 범한 과오, 심지어 범죄 행위조차 숨김없이 삼관에게 고백하면 사면된다고 여긴다.[60]

---

57) 도사(道士)들이 일정한 방법과 절차에 따라 양재기복(禳災祈福)을 위해 거행하는 의식을 말한다.
58) 잔스촹, 『도교문화 15강』, 506.
59) 클리퍼스 기어츠, 『문화의 해석』, 문옥표 역 (서울: 까치글방, 2012), 141.
60) 잔스촹, 『도교문화 15강』, 515.

일반 사람들은 수도를 통해 신선이 될 수 있으며 그와 반대로 요괴나 도깨비에 의해 미혹 당하거나 해를 입을 수도 있다. 이럴 경우에 도사의 도움으로 해를 면할 수 있다. 이렇게 해서 인간은 피동적 위치에 서고 도교는 전체의 구조의 중심에 서게 된다. 그렇기 때문에 도교가 없다거나 도교의 과의(법술)가 없다면 사람들은 자신들이 처한 운명에서 벗어날 수 없으며 신선의 세계와도 무관한 상태로 살아갈 수밖에 없다.

또한 도교의 주술과 도장·검·거울 등을 통한 법술이 없다면 사람들은 처한 액운에서 벗어날 수 없으며 도깨비의 해침에서 자유로울 수가 없다. 이러한 믿음이 생기면 도교와 그 법술(法術)은 신의 화신이며 귀(鬼)의 적수(敵手)이고, 인류의 길을 밝히는 등불이라고 믿게 되고, 인류는 오로지 도교의 보호에서만, 다시 말해 도교의 영약을 복용하고 도교의 부적을 몸에 지니고 살아야 액운에서 벗어나며 더 나아가 신선세계, 즉 이상세계로 진입할 수 있다고 확신하게 된다.[61]

b. 교회론에 근거한 종교 제의(祭儀) 비평

성경에 말씀하길 "바리새인들이 듣고 이르되, 이가 귀신의 왕 바알세불을 힘입지 않고는 귀신을 쫓아내지 못하느니라 하거늘 …… 만일 사탄이 사탄을 쫓아내면 스스로 분쟁하는 것이니 그리하고야 어떻게 그 나라가 서겠느냐"(마 12:24, 26)라고 하셨다. 이 말씀처럼 도교에서 귀신을 통해 귀신이 부리는 재

---

61) 葛兆光, 『道敎와 中國文化』, 沈揆昊 역 (서울: 東文選, 1993), 471.

앙을 제거한다는 것은 옳지 않는 방법이 분명하다. 또한 마태복음 26장 28절[62] 말씀처럼 죄를 사하는 권세는 오직 한 분이신 삼위일체 하나님께 있으며 성자 예수님은 우리의 죄를 사하기 위해서 자신이 십자가에 못 박혀 죽으심으로 만민을 위한 구속의 역사를 이루셨다. 그러므로 사람은 오직 중보자 예수 그리스도를 의지하여 하나님 앞에서 죄 사함 받고 의롭다함을 받는다. 도교에서 이야기하는 삼원제를 통하여 천관, 지관, 수관의 삼관이 죄를 사한다고 하는데 그것들은 죄를 사하는 권한이 없다.

개혁주의 정통교리를 보면, 말씀은 청각에 호소하고, 성례는 시각에 호소한다. 말씀을 통하여 전달된 진리는 성례를 통하여 눈에 상징적으로 나타난다. 말씀은 성례가 없어서도 존재할 수 있고 또한 완전한 반면, 성례는 말씀이 없이는 결코 완전하지 못하다. 성례란 그리스도께서 제정하신 거룩한 규례로 이 성례라는 감지될 수 있는 표징을 통해 그리스도 안에 있는 하나님의 은혜와 은혜 언약이 주는 유익이 신자들에게 제시되고, 인(印) 쳐지고, 적용되며, 신자들은 하나님에 대한 신앙과 충성을 표현한다.[63] 도교의 제의가 신앙의 확신을 준다고 하는데 제의는 확신을 줄 수 없다. 확신은 성령 하나님께서 말씀과 성례를 통하여 주시는 것이다.

---

62) 이것은 죄 사함을 얻게 하려고 많은 사람을 위하여 흘리는 바 나의 피 곧 언약의 피니라.

63) 루이스 벌코프, 『벌코프 조직신학』, 권수경, 이상원 역 (경기도: 크리스찬 다이제스트, 2006), 887-878.

≪웨스트민스터 신앙고백서≫제27장 1절에서는 성례는 은혜 언약에 대한 거룩한 표호요 인호이다. 그것은 하나님이 직접 제정하셨는데 이는 그리스도와 그가 주시는 은혜를 나타내고 그 안에서 우리가 받은 유익을 확증하며, 교회에 속한 사람들과 세상에 속한 나머지 사람들을 볼 수 있게 구별하며, 교회에 속한 사람들로 하여금 하나님의 말씀에 따라 그리스도 안에서 하나님께 예배를 드리는 일에 엄숙하게 참여하도록 하기 위함이다.[64] 그리스도인은 하나님만을 예배한다. 도교도들은 다양한 제의로 각종 신들에게 제사 드리는데 이것은 헛된 우상숭배일 뿐이다.

7. 기독교와 중국 도교 세계관 비교

기독교 세계관과 도교 세계관의 이해를 바탕으로 비교하여 그 차이점을 분명히 하고 복음 전파에 전략적으로 사용하고자 한다. 타문화권 즉 우리와 다른 세계관을 가지고 있는 사람들에게 복음을 전파하기 위하여 비교 연구는 필요한 작업이다. 우리는 이 작업을 통하여 효과적인 복음전달을 위하여 적절한 준비를 할 수 있으며 복음전파를 위한 전략을 세울 수 있다. 기독교 세계관과 도교 세계관 비교는 [표 1]에 정리했다.

---

64) G. I. 윌리암스, 『웨스트민스터 신앙고백서 강해』, 나용화 역 (서울: 개혁주의신행협회, 1990), 323.

표 1. 기독교 세계관과 도교 세계관 비교

	도교 세계관	기독교 세계관
신관	노자와 황제의 신격화, 신격화를 통하여 사람을 신으로 높여 숭배한다. 사람의 필요에 따라 사람이 만든 신지(神祇), 즉 많은 신들과 귀신을 섬기고 있다.	유일하신 삼위일체 하나님만이 신이시다. 귀신은 사탄이 부리는 타락한 천사들이다.
계시관	노자의 『도덕경』과 장자의 『장자』 그리고 도가(道家)의 저서를 기본으로 하고 수많은 도사(道士)들의 저서와 다른 종교에서 수용한 것을 정리한 도장(道藏)을 경전으로 삼고 있다. 인간의 필요에 따라 타종교의 모든 것을 수용하고 융합이 가능하다.	하나님의 계시인 성경 66권만이 기독교의 경전이다. (고후 3:16, 벧후 1:21) 하나님이 계시하신 진리의 말씀을 믿는 기독교는 다른 종교와 혼합하지 않는다.
구원관	장생불사(長生不死)를 도교 수련의 목적으로 삼고 사람이 수련과 단약(丹藥) 복용을 통하여 장생불사한다고 한다.	죄인인 인간의 육체의 생명은 유한하다. 그러므로 예수 그리스도를 믿어 죄사함 받고 의롭다함 받아 구원받는다.
내세관	신선(神仙)이 거하는 선경(仙境)을 동천복지(洞天福地)라고 한다. 이것은 이 세상에 있다. 공덕을 쌓고 죽은 사람이나 양생수련을 통해 신선이 된 자들이 사는 곳이다.	예수 그리스도를 믿어 중생한 사람은 내세의 소망을 갖고 살며, 내세에 하나님 나라에서 하나님과 함께 거한다.
우주생성관	우주는 도(道)에서 나온 기(氣), 즉 원기의 활동에서 기원한다.(道生一)	우주와 그 안에 있는 모든 것은 하나님이 말씀으로 창조하셨다. (창 1:1)
예배관	다양한 제의가 있다. 사람들이 필요에 따라 만든 신지와 신선에게 제사 드린다. 재난을 물리치기 위하여 귀신에게도 제사를 드린다.	교회는 말씀, 성례, 권징을 표지로 가지며 말씀에 따라 중생한 그리스도인들이 하나님을 예배하는 곳이다.

기독교와 도교 세계관 비교를 통하여 차이가 더욱 분명해졌다. 도교 세계관을 가진 사람들과 예수 그리스도를 믿는 사람들의 세계관이 어떻게 다른지 알게 되었다. 이러한 세계관 비교 연구의 목적은 효과적으로 복음을 전파하기 위한 전략을 세

우기 위해서이다. 도교의 영향은 도교 세계관을 가진 사람들의 가치관과 행동양식에서 분명하게 드러난다. 중국에는 양생[65]이라는 문화가 있다. 이것은 도교 세계관의 행동양식이다. 이 사람들이 양생수련을 하는 목적은 장생불사할 수 있다는 가치관을 갖고 있기 때문이다. 그러므로 우리는 선교지 사람들의 세계관을 이해해야 한다.

  존 시몬즈는 그의 책 6장에서 복음전달을 위한 준비의 4가지 영역을 제시했다. 첫째 영역에서 "선교지 종교를 연구하라."고 하며 또한 "동남아시아와 동양에서 선교하는 선교사들은 불교에 직면하게 될 것이다. 이러한 연구는 선교지에 가기 전부터 시작해서 여러 해 계속되어야 한다."고 말했다.[66] 다른 조건이 같다고 할 때 선교사의 일은 적어도 언어에 대한 산지식이 없이는 오랜 기간에 걸쳐 효과적일 수는 없다.[67] 이 말처럼 선

---

65) 도교 양생문화의 예로 중화기공(中華氣功)의 도(道)는 상주(商周) 이전부터 적송자(赤松子), 팽조(彭祖)등이 기공양생으로 유명하다. 전국 진한 시대에는 다양한 기공이 상당히 발전했다. 기공은 단순히 양생을 통하여 생명을 연장하는 방술로 뿐만 아니라 종교화되어서 장생불사의 "선도(仙道)"로 가는 길이 되었다. 도교 교단 초기에 진한시대의 련양성선(練養成仙)방법을 계승하여 종교화했으며 도교에서는 기공을 신선이 되는 주요 방법으로 사용했다. 2000년의 역사 가운데 도교에서는 수없이 많은 교도들이 장생성선의 희망을 품고 일생의 정력을 드려 탐색과 수련을 했으며 이를 통하여 대량의 기공 실전경험들을 쌓았다. 또한 다양한 기공법문이 생겼고 체계적인 기공 이념을 세우게 되었다. 그리고 다양의 책을 저술하여 방대한 체계가 형성되었으며, 많은 것을 포함하는 풍부한 기공학(氣功學)을 형성했다. 도교 기공학은 중국 전통 기공학을 집대성하게 된 것이다. 도교들은 신선이 되고자하는 믿음의 열망으로 기공을 연마했다. 그러나 시대적인 제한과 과학적인 탐색의 부족으로 기공의 효과를 과대평가하게 된 것을 볼 수 있다. (文史知識編輯部, 『道敎与傳統文化』, 167.)

66) 존 시먼즈, 『타문화권 복음전달의 원리와 적용』, 홍성철 역 (서울: 도서출판 세복, 1995), 129.

67) J. Herbert Kane, *Life and Work on the Mission Field* (Michigan: Baker Book, 1992), 130.

교사는 선교지의 문화, 언어, 종교를 장기적으로 깊이 있게 연구해야 한다.

세계관 비교를 통하여 중국인들에게 더욱 효과적으로 복음을 전할 수 있게 되고, 교회생활을 하고 있지만 아직 기독교 세계관이 형성되지 않는 신도들을 제자화할 때 고려해야 할 내용이 더욱 분명해졌다. 또한 신학교육에서도 기독교 세계관 확립을 위한 교과과정을 마련해야 한다. 교육을 통해 신학생들의 기독교 세계관이 확립되면 목회 현장에서 성도들의 기독교 세계관 확립을 도울 수 있다.

제2장 선교학적인 관점에서 바라본 도교 세계관

1. 비판적 상황화의 필요성

a. 기독교와 도교의 본질적 차이

기독교와 도교의 본질적인 차이를 고찰하기 위해서는 기독교의 기본 교리인 '하나님은 어떠한 분이신가?'를 먼저 고찰해야 한다. 하나님은 자존하신 분이시다. 출 3장 14절에 말씀하시길 "나는 스스로 있는 자이니라"라고 하셨다. 이 말씀처럼 하나님은 자존하신 분이시다. 인간과 모든 피조물은 하나님을 의지하여 존재하지만 하나님은 스스로 존재하시므로 어떤 것에도 의지하지 않으신다.

벌코프는 "하나님은 자기 자신 안에 그의 존재의 근거를 가진다."[68]라고 말한다. 또한 하나님은 불변하시다. 즉 그의 존재

와 목적, 약속에 있어서 변화가 없으시다.[69] 이외에 모든 제한
으로부터 자유로운 무한성[70], 유일하신 한 분 하나님이시다.
그리고 하나님은 전지전능하신 삼위일체 하나님이시다. 하나님
의 전지전능은 하나님의 지혜가 인간의 지혜처럼 한계가 있고
불완전한 상태가 아니라 완전하시다는 것이다. 하나님은 6일
동안 천지만물을 창조하신 분이시고 하신 말씀(민 23:19)을 반
드시 성취하신다.

또한 하나님의 본체와 능력과 영원성에 있어서 동일한 삼위
가 단일한 신격에 있으니, 성부 하나님 성자 하나님 성령 하나
님이시다.[71] 삼위일체의 하나님은 인간의 지혜로 완전히 이해
할 수 없는 신비이다.

도교에서 말하는 도(道)는 위격이 있는 신(神)이 아니다. 도
는 비인격적인 근원이다. 노자는 "도(道)는 일(一)을 낳고 일
(一)은 이(二)를 낳고 이(二)는 삼(三)을 낳고 삼(三)은 만물을
낳는다."(道生一, 一生二, 二生三, 三生万物)라는 말로 표현한
다. 이는 결국 범신론적 자연주의이다.[72]

도교의 최고신을 정점으로 무수한 신들이 존재한다. 신 가운
데 일부는 신화(神話)상의 존재이며 일부는 신격화된 실제 인

---

68) 루이스 벌코프, 『벌코프 조직신학』, 권수경, 이상원 역 (경기도: 크리스찬 다이
    제스트, 2006), 251.
69) 루이스 벌코프, 『벌코프 조직신학』, 252.
70) 루이스 벌코프, 『벌코프 조직신학』, 253.
71) G. I. 윌리암스, 『웨스트민스터 신앙 고백서 강해』, 나용화 역 (서울: 개혁주의
    신행협회, 1990), 47.
72) 안점식, 『세계관을 분별하라』, (서울: 죠이선교회, 2015), 346.

물이다. 기원전 2세기경 최고신은 태일(太一)이었고 한나라 초기의 삼신은 천일(天一), 지일(地一), 그리고 태일(太一)이라고 불렀다. 삼신은 또한 도에서 나온 최고신이다. 이 최고신의 제자로서 도가 인격화된 도군(道君), 도군의 제자로서 노자를 신격화한 노군(老君)이라고 해석되기도 하였다. 이처럼 노자는 도교의 만신전(萬神殿)에 한자리를 차지하였다. 이 모든 것은 사람의 창조물이다.[73]

둘째는 하나님은 무엇을 하셨는가? 하나님은 천지만물을 창조하셨다. 6일 동안 모든 피조계를 창조하신 후 제 7일에 쉬셨다. 하나님은 자신의 기뻐하시는 뜻을 따라 모든 것을 창조하셨고 피조물로부터 영광 받으시길 기뻐하신다. 하나님의 창조는 '무로부터의 창조'이다. 히 11장 3절 말씀 "믿음으로 모든 세계가 하나님의 말씀으로 지어진 줄을 우리가 아나니 보이는 것은 나타난 것으로 말미암아 된 것이 아니니라"처럼 창조는 믿음으로만 이해 할 수 있는 것으로 능력의 말씀인 신적인 명령으로 창조되었다. 세계는 감각으로 지각할 수 있는 어떤 것으로 말미암지 않았다.[74]

도교는 도(道)를 우주론의 근간으로 생각한다. 도교신학은 창세론을 형성하였다. 도교 창세론은 우주론의 특수한 형태로 먼저 태상노군(太上老君)을 대표적인 형상으로 삼아 '태상노군 창세설'을 형성하였다. 태상노군은 도의 화신이다. 도가 우주만

---

73) 한스 큉, 줄리아 칭 『중국 종교와 그리스도교』, 이낙선 역 (경북: 분도출판사, 1994), 175.
74) 루이스 벌코프, 『벌코프 조직신학』, 338.

물을 낳는다는 것은 태상노군이 천지를 개벽한다는 것으로 그에게 만물을 창조하는 능력이 있다고 한다. 그러나 노군으로 높임을 받고 신격화된 노자는 사람일 뿐이다.[75]

다음은 반고 신화와 겁운(劫運)사상에 기초해 만든 '천존 창세설'이다. 고대 중국인들은 천지일월과 만물이 반고의 몸뚱이가 변화되어 만들어진 것이라고 생각했다. 도교는 이런 반고 신화를 받아들이는 과정에서 반고를 원신천왕으로 개조했다. 원시천왕은 원시천존으로 변화되고 천지를 낳고 기를 수 있다고 한다. 이런 도교의 신화는 사실이 아니라 신화일 뿐이다.[76]

셋째는 인간은 어떻게 창조되었으며 인간이 하나님을 알 수 있는가? 인간은 삼위일체 하나님의 거룩한 경륜(counsel)[77]이 있으신 후에 하나님의 형상을 따라 창조하셨다. 하나님의 형상은 원의(原義), 즉 참된 지식(골 3:10)과 의와 거룩(엡 4:24)을 내포한다.[78] 인간은 하나님을 인식할 수 있다. 그러나 그 인식은 인간 스스로의 지혜나 능력이 아니라 하나님의 계시에 의존한다. 하나님이 창조하신 천지만물에 하나님을 알만한 것들이 그 속에 보인다(롬 1:19-20). 또한 하나님은 타락한 인간의 구원을 위하여 특별 계시인 성경말씀을 통하여 구속계획과 완성을 계시하셨다.

---

75) 잔스촹, 『도교문화 15강』, 안동준, 런샤오리 역 (경기도: 한영출판사, 2012), 263.

76) 잔스촹, 『도교문화 15강』, 264.

77) 루이스 벌코프, 『벌코프 조직신학』, 392.

78) 루이스 벌코프, 『벌코프 조직신학』, 414.

도교는 인간 창조에 대하여 말할 때 천인(天人)이 합하여 하나가 된다는 천인관(天人觀)에 대하여 말한다. 이것은 우주생성론의 기초 위에서 형성된 것으로 천과 인의 근원이 같다는 사상을 표현한다. 우주생성과 연화(演化)과정 중 동일한 생성의 근원을 갖는다. 그러므로 천, 지, 인, 만물은 본원(本原)이 같고 본체(本體)상 혼합되어 하나가 된다. 도교는 그 근원을 "원(元)"이라고 하는데 바로 천지인의 "원(源)"이다.[79]

도교는 천하 만물이 연화(演化), 즉 진화의 과정을 거쳐서 생성되었다고 한다. 이것은 사람이 만들어 낸 믿을 수 없는 신화이다. 그 어디에도 인격적인 신은 존재하지 않는다. 도교에서 말하는 신들은 존재하지 않는 신화적 존재이므로 신도들의 기원이나 믿음에 능력을 발휘하여 그 어떤 것도 해줄 수가 없는 존재이다. 왜냐하면 그는 보거나 듣거나 무엇을 할 수 있는 능력이 없기 때문이다.

넷째는 인간의 상태는 어떠한가? 인간은 하나님의 형상을 따라 하나님께서 예비하신 에덴동산에서 하나님과 교제하면서 행복하게 살았다. 그러나 선하게 지음 받은 인간은 하나님의 말씀에 불순종하여 사단의 꾀에 넘어가 언약을 버리고 죄를 범하여 죄인이 되었다. 이 죄로 말미암아 그들은 본래의 의(義)를 잃게 되었고, 하나님과의 교통도 끊어지게 되었다. 그래서 죄로 죽게 되었고, 영과 육의 모든 기능들과 기관들이 전적으로 더럽혀지고 말았다.[80]

---

79) 趙芃, 『道教自然觀研究』 (成都: 巴蜀書社, 2007), 176.

도교에서는 인간은 강력한 능력을 지닌 신이 필요하다고 생각한다. 망망대해 같은 우주 속에 존재하는 인간이 스스로의 한계를 느끼며 인간의 힘으로 어찌해 볼 도리가 없는 여러 자연의 힘 앞에서 생존의 위협을 받았다. 그러자 외부에서 하나의 정신적 실체를 형성하였고 인간 자신의 형상의 신(神)을 숭배하게 되었다.[81] 이후에 도교는 인간의 연약(軟弱)과 한계를 불로장생을 통하여 해결하고자 했다. 도교는 죄인인 인간의 죄를 해결하기 보다는 단순히 인간의 육적인 문제에 헛된 희망을 주기 위하여 노력하였다.

다섯째는 하나님의 사랑과 죄인의 구속이다. 하나님은 인간을 창조하셨고 사랑하셨다. 그러나 죄를 범한 인간이었지만 그리스도 안에서 구원할 자들을 선택하셨다. 택한 자들을 구원하시기 위하여 독생자 예수 그리스도를 보내셨다. 그리스도는 육신을 입으시고 이 땅에 오셔서 인간의 죄를 위하여 십자가에 못 박혀 죽으시고 3일 후에 부활하셨다. 그 후 승천하시어 하나님의 우편에 앉으시고 하늘과 땅의 모든 권세를 받으셨다(마 28:18). 그러므로 예수 그리스도를 믿는 사람은 구원받아 천국에서 하나님과 함께 영생의 복을 누리고 믿지 않는 자는 지옥에서 영벌의 고통을 받는다.

도교에서는 죄인인 인간의 진정한 필요인 죄용서의 문제를 해결할 방법이 없다. 그러나 도교는 인간의 죄의 문제가 아니

---

80) G. I. 윌리암스, 『웨스트민스터 신앙 고백서 강해』, 92.

81) 잔스촹, 『도교문화 15강』, 안동준, 런샤오리 역 (경기도: 한영출판사, 2012), 158.

라 고난의 문제를 건강을 비는 기도, 점술, 구병의 기술, 장생의 양약 등을 통하여 실제적인 각도에서 다루었다. 또한 인간의 운명을 인간이 극복할 수 있다고 하였으나 인간의 한계를 벗어나지 못하고 자연과 자연의 법에 복종하고 받아들였다.[82]

도교는 기도와 위안, 장생, 그리고 영생불사를 통하여 죄악으로부터 구함을 꾀하는 자연주의적인 구원의 종교이다. 도교는 복합적인 구원 지향의 신비주의가 있다. 예를 들어 불교에서 빌려 온 온갖 형태의 의식과 수도생활의 제도에 아울러 미신과 마술과 영생불사의 양약 등이 혼합되어 있다.

여섯째는 그리스도인의 윤리와 역사관이다. 그리스도인의 윤리는 하나님의 성품에 기반을 두고 있다. 하나님의 윤리적 질서가 유일한 도덕성의 근원이며, 가능한 유일한 도덕성이다.[83] 또한 그리스도인들은 성경의 역사성을 믿는다. 이 말은 성경이 살아계신 하나님의 계시임을 믿고 예수 그리스도께서 이 땅에 오시고 사시고 행하신 모든 일이 역사 가운데 일어난 일로 믿는다. 그리고 그리스도인은 역사를 직선형 개념으로 믿고 확신한다. 이 말의 의미는 인간의 역사가 특정한 시작(창조)이 있었으며 특정한 끝(회복)을 향해 하나님에 의해 인도되고 있다는 것이다.[84] 그리스도인은 이런 기독교 세계관을 가지고 있다.

---

82) 한스 큉, 줄리아 칭, 『중국 종교와 그리스도교』, 이낙선 역 (경북: 분도출판사, 1994), 211.

83) 데이빗 A. 노에벨, 『기독교 세계관으로 본 시대의 이해: 충돌하는 세계관』, 류현진, 류현모 역 (서울: ㈜디씨티와이북스, 2014), 170.

84) 데이빗 A. 노에벨, 『기독교 세계관으로 본 시대의 이해: 충돌하는 세계관』, 471.

도교는 윤리를 하나의 도(道)라고 한다. 이런 도는 사람으로 하여금 일정한 질서를 유지하게 하고 이익을 얻게 한다. 윤리는 인간의 욕망으로 성행한 주술을 억제하기 위하여 생겨난다. 이런 도교윤리의 본질은 생명윤리이다. 이 생명윤리는 신비적인 색체를 띠는 종교윤리이다. 도교의 관점에서 보는 윤리는 세 가지 관계가 있다. 먼저는 사람과 사람 사이의 생명관계이다. 사람은 생각이 있어서 서로 교류하고 결속하며 일정한 사회조직을 만들어 살아가는 사회적 관계이다.[85]

둘째는 사람과 만물 사이의 생명관계이다. 비록 하찮은 동물일지라도 위급한 상황에 봉착할 때가 있다고 보고, 동물들이 곤란한 처지에 빠졌을 때, 즉시 달려가 구해야 한다. 이런 일을 행한 자는 심신이 건강해져서 뜻밖의 재난을 당하지 않는다고 한다.

셋째는 사람과 여러 신들의 관계로 도교의 신명은 '도'로, 도를 만물의 근원으로 섬긴다. 이외에 신선계보에 정리된 많은 신들을 섬긴다. 이 모든 신들은 각각 권능을 가지고 있는데 사람들의 필요에 따라 창조 된 신지(神祇)이다.[86] 도교윤리의 궁극적 목표는 연년익수(年年益壽)와 우화등신(羽化登神)이다.

---

85) 잔스촹, 『도교문화 15강』, 안동준, 런샤오리 역 (경기도: 한영출판사, 2012), 299-300.
86) 잔스촹, 『도교문화 15강』, 301-303.

b. 선교적 접촉점

선교적 접촉점은 복음전파에 중요한 요소이다. 특히 다른 종교를 가지고 있는 사람들이나 다른 종교 문화권에 있는 사람들에게 복음을 전파하기 위해서는 접촉점이 필수적이다. 그러므로 접촉점을 만들기 위해서는 상대방을 이해하여야 한다. 도교도들에게 복음을 전파하기 위해서는 반드시 도교 세계관을 이해하여야 한다. 또한 중국 도교의 기본사항에 대한 이해와 중국에 대한 일반적인 이해가 필요하다. 이런 중국에 대한 이해와 효과적인 의사소통을 위한 준비를 해야 한다. 의사소통은 종족 집단과 의미 있는 접촉을 가능하게 한다.

안점식은 타세계관과 복음과의 관계에서 타종교와 타세계관의 근거가 인간의 타락 이후 제한되고 왜곡된 인간의 인식기능이라 하며 그들에게도 부분적인 진리가 있지만 온전한 진리가 없다고 한다.[87] 하나님은 인간이 비록 타락했지만 여전히 진리를 알기를 원하셨다. 그러나 인간은 스스로의 능력으로는 진리를 인식할 수 없게 되었다. 그래서 하나님은 진리를 특별히 계시할 수밖에 없었는데 그 빛이 바로 유대인에게 먼저 주어졌다.

타락한 인간의 인식능력은 불완전하기 때문에 특별계시 없이 절대자를 추구하는 사람들은 일반계시에 대한 반응의 결과로서 부분적인 진리만을 가진 세계관을 구성한다. 이것이 타종교와 세계관이 발생한 기원이다. 이러한 부분적인 진리는 일반

---

87) 안점식, 『세계관을 분별하라』 (서울: 죠이선교회, 2015), 111.

은총이며 선교에 있어서 접촉점이 된다. 따라서 전도자나 선교사는 타종교나 타세계관에서 나타나는 일반은총을 적절히 활용할 수 있어야 한다.[88]

도교 세계관을 가진 사람들과 선교적 접촉을 위해서는 상황화가 필요하다. 제3세계를 중심으로 상황화 신학이 일어나게 된 대표적인 요인들을 보면 먼저 서구의 선교사들의 기독교와 서구 민주주의와의 혼돈 때문이다. 둘째, 서구의 착취와 식민지 정책에 대한 제3세계의 저항운동의 일원이었다. 셋째, 제3세계에서 일어난 자국주의(nationalism) 운동의 영향이다. 넷째, 시대에 뒤떨어진 해석학과 신학화의 방법 때문이다. 다섯째, 서구인들은 서구에서 개발된 신학은 보편적인 신학이며 따라서 다른 곳에서도 충분히 가능할 수 있다고 생각했다. 하지만 제3세계 교회가 처한 특수한 상황에 적절히 대처하고 응답할 수 있는 상황화된 신학의 필요성이 대두되었다. 여섯째, 메시지 수용의 차이점으로 인해 상황화가 필요하다. 일곱째, 복음의 사회적 성격을 간과하는 서구의 보수주의적 복음주의 신학에 대항하여 일어났다. 이러한 내용들을 볼 때 복음을 제시하는 방법이 중요한 변수가 된다.

최근까지만 해도 말씀을 전할 때 다양한 방법을 사용하는 복음 전도자는 사실 그렇게 많지 않았다. 대부분의 전도자들이 '헛되이 돌아오지 않을 것'이라는 가정 하에 일방적이고 무차별적 방식으로 말씀을 전했다. 그러나 주님께서 니고데모와 사

---

88) 안점식, 『세계관을 분별하라』, 113-114.

마리아 여인에게 복음을 전할 때 각각 다른 방법으로 복음을 전달하신 것처럼 효과적인 의사소통에는 듣는 대상에 따라 적절한 방법들이 요구된다. 아프리카 신학자 비양 카토(Byang Kato)는 "하나님의 말씀은 분명히 영감(靈感) 되었지만 표현의 형식은 그렇지 않기 때문에 표현의 상황화는 올바를 뿐만 아니라 꼭 필요하다."라고 말했다.[89]

특히 도교 세계관을 가진 사람들에게 복음을 제시하기 위해서는 그들의 종교와 문화를 이해해야 한다. 도교는 중국의 유구한 역사와 함께 형성되고 성장하고 쇠락한 종교이다. 또한 도가의 철학 사상은 종교를 넘어서 모든 중국인들의 사상형성에 중요한 역할을 하였다. 그러므로 선교적 접촉점을 만들기 위해서는 문화, 언어, 세계관, 역사에 대한 이해의 바탕에서 전략들이 수립되어야 한다.

먼저 도교 세계관들을 가진 사람들을 접촉할 때 타종교인이라고 배척하지 말고 구원받아야 할 죄인으로 생각하며 하나님의 긍휼과 사랑으로 대하여야 한다. 이러한 마음을 갖고 대할 때 선교사는 타종교인들을 존중할 수 있게 된다. 현대에 있어서 효과적인 복음전파는 관계형성을 통하여 이루어진다. 그러므로 관계의 첫 단계는 상대를 존중하는 것이다. 존중은 상대를 이해하는 것을 넘어서 삶으로 드러나는 행동이다.

도교는 '도'를 근본 개념으로 하는 종교이다. 도를 모든 피조물의 근본이요 어머니로 생각한다. 도에 대해서 잘 알고 있는

---

89) 김승호, 『선교와 상황화』 (서울: 도서출판 토라, 2007), 49-54.

사람들에게 우리가 믿는 창조주 하나님을 소개하면서 더 깊이 생각할 수 있도록 해야 한다. 복음을 전파하는 것은 중요하지만 상대방이 그 복음에 대해서 진정으로 받아들일 수 있도록 돕는 것 또한 중요하다.

둘째로 양생을 추구하는 도교도들에게 건강을 중요시하며 그것을 위해서 정진(精進)하는 그들을 격려하며 육체의 가치와 한계를 자연스럽게 생각해 볼 수 있도록 돕는 것은 중요한 접촉점이 된다. 우리가 장생불로는 믿지 않지만 이 땅에 사는 동안 하나님이 주신 육신을 건강하게 유지하는 것은 기독교인들의 사명이기도 하다. 그러므로 함께 건강을 위한 운동을 하면서 인간이 왜 장생불로 할 수 없으며 또한 신선이 될 수 없는지 그리고 죄가 인간에게 미친 영향들에 대하여 나눌 수 있는 대화로 자연스럽게 이끌면 구원의 문제에 이르게 하는 접촉점이 된다.

셋째로 중국 의술에 도교가 미친 영향은 대단하다. 도교의 내단·외단학, 기공, 침술, 음양오행에 따른 중의학 등의 가치를 인정하면서 자연스럽게 하나님의 전능하심에 대한 대화로 나아갈 수 있다. 서양 의학에서도 볼 수 있는 것처럼 인간이 할 수 있는 것은 자르고 꿰매고 약물치료를 하고 세포가 자라나 아물도록, 또 병이 호전되도록 약물 치료를 하고 기다리는 것이다. 그러나 하나님께서는 직접 역사하셔서 상처가 아물게 하시고 세포가 자라나게 하시며 인간의 생명까지 주관하신다는 사실을 상대방이 듣고 생각할 수 있도록 한다.

넷째로 도교는 완성되고 체계적인 우주 생성관을 가지고 있다. 그러나 이 체계 속에는 신비한 요소들이 많다. 노자(老子)를 신격화하여 우주생성의 근원을 노자로 보거나 또는 '기(氣)' 그리고 '허무(虛無)' 등이 우주생성의 근원이 되기도 한다. 그러므로 그 어떤 것으로도 증명될 수 없는 내용들로 구성되어 있다. 도교도들은 그것을 믿는다고 하지만 이 체계는 진실이 아니므로 그 기초는 아주 약하다. 그러므로 도교도들에게 우주생성에 대한 서로의 입장을 이야기하는 과정을 통하여 자연스럽게 창조론을 소개하고 진리에 대하여 생각해 볼 수 있도록 할 수 있다. 선교적 접촉점에 대하여는 선교전략에서 더 구체적으로 고찰할 것이다.

c. 혼합주의의 위험성

선교지에서 복음전도를 통하여 복음을 듣고 예수 그리스도를 영접하여 성도가 된 신자가 교회에 소속되어 신앙생활을 하면서 하나님의 말씀을 삶에서 깊이 있게 체험하고, 세계관의 변화를 통하여 기독교 세계관이 확립되지 않는다면 혼합주의와 명목적인 신자가 될 수 있다.

한국교회는 성장하였다. 성도의 수(數), 교회 건물의 수 그리고 규모에 있어서 놀랍게 성장했다. 그러나 성경적 세계관이 성도들에게 내면화하도록 양육하는데 성공하지 못하였다. 겉으로는 그리스도인으로서 지녀야 할 행동양식(behavior pattern)을 갖추었지만, 가치체계(value system)나 더 본질적인 부분인 세계관(worldview)은 변화하지 않았다. 이를테면 주일성수, 십일조, 금주, 금연 등 외적으로는 기독교적인 틀을 갖추었지만, 더 깊은 곳에 있는 세계관은 건드리지 못한 것이다.90)

선교지에서 복음전파 후 결신자들을 양육할 때 기독교 세계관 교육을 통하여 세계관 변화가 일어나도록 해야 한다. 이러한 교육이 중요한 이유는 먼저 오늘날 기독교에 대한 시대적 도전 때문이다. 현대사회는 포스트모더니즘의 강력한 영향 아래에 있다. 포스트모더니즘의 다원주의와 상대주의는 기독교 절대 진리를 부정하고 모든 것을 상대화시켜 버림으로써 기독교 신앙에 정면으로 상치(相馳)한다. 종교 다원주의는 기독교도 타종교와 마찬가지로 궁극적인 구원에 이르는 여러 길 중의 하나라는 사실을 인정하라고 도전한다. 이런 시대적 상황 속에서 분명한 기독교 세계관이 확립되어 있지 않다면 기독교인들은 신앙의 혼란을 겪을 수밖에 없다.91)

둘째로 복음을 수호하고 변명하며 증거하는 삶을 살기 위해서이다. 현대 종교다원주의는 기독교 복음진리를 희석시키기 위해 도전하고 있다. 이런 도전 앞에서 기독교인들은 기독교 신앙의 사실적 진리성 뿐 아니라 복음진리의 유일성 또한 옹호해야만 한다.92)

---

90) 안점식, 『세계관 종교 문화』 (서울: 죠이선교회, 2008), 9.

91) 이선영, "포스트모던 시대에서 기독교세계관 교육의 중요성 및 방향 연구", 「개혁논총」 제37권 (2016. 3): 175.

92) 이선영, "포스트모던 시대에서 기독교세계관 교육의 중요성 및 방향 연구", 「개혁논총」 제37권 (2016. 3): 176.

셋째로 책임 있는 기독교인으로 살기 위해서이다. 기독교인들은 신앙과 세상의 가치관에 상충되는 상황 속에서 단순히 신앙적인 면뿐만 아니라, 도덕적, 윤리적인 면에서도 선택과 결단을 요구 받는다. 이러한 양자택일의 긴장감 속에서 거짓을 버리고 적극적으로 진리를 찾기 위해서, 또한 하나님의 뜻에 합당한 선택을 하기 위해서는 분명한 신념, 가치, 기준들이 필요하다.93) 그러므로 세계관 교육은 절실히 필요하다.

선교는 기본적으로 세계관의 충돌을 일으키며 세계관을 변화시키는 것을 궁극적인 목적으로 삼아야 한다. 그런데 세계관을 변화시키지 못하고 문화 바깥층인 가치체계와 행동양식만 변화시킨다면 혼합주의가 나타나고 명목적인 신자만 양산하게 된다.94) 세계관은 심층부이자 본질이기 때문에 평소에는 잘 드러나지 않고 위기 상황이 되어서야 드러난다. 예를 들면, 일부다처제가 성행하는 아프리카 마을에 일부일처제를 고수하는 사람이 있다. 그는 주일 예배도 꼬박꼬박 드리고 헌금도 잘 하며 심지어 십일조도 한다. 그런데 어느 주일, 예배를 드리고 집에 돌아왔는데 어린아이가 눈이 뒤집혀 경기(驚氣)를 한다. 그는 아이를 들쳐 업고 마을의 주술사에게 달려간다. 이것이 바로 혼합주의다. 이러한 혼합주의는 단지 아프리카나 인도, 라틴아메리카만의 문제가 아니다. 혼합주의는 어느 시대, 어느 지역에서나 나타난다.95)

---

93) 이선영, "포스트모던 시대에서 기독교세계관 교육의 중요성 및 방향 연구", 178.

94) 안점식, 『세계관 종교 문화』 (서울: 죠이선교회, 2008), 212.

폴 히버트는 선교사들과 현지 교회들이 혼합주의 위험을 극복할 수 있는 방법으로 "비판적 상황화"(Critical Contextulization)라는 상황화 이론을 제시했다. 이 이론에는 네 가지 단계를 포함하고 있다. 그 단계들을 보면 다음과 같다.

> 첫째 단계는 선교사들과 현지 교회 지도자들이 그 문화의 관습과 전통을 습득해야 한다고 말했다. 이 단계는 문화적 자료에 대한 무비판적 수집을 목표로 한다. 둘째 단계는 현지 목회자 혹은 선교사는 수집한 문화적 관습과 관련된 성경적 가르침을 연구한다. 선교사들은 신자들로 하여금 그들의 문화적 관습과 연관성을 가진 성경의 본문을 접할 수 있도록 도와 줄 수 있다. 셋째 단계는 현지 교회 신자들은 그들의 전통적 관습을 성경적 교훈에 비추어 평가한다. 이 단계는 현지인 신자들 스스로 진행해야 할 필요가 있다. 그들은 문화적 관습, 특히 그 관습의 종교적 색채에 대해 선교사들보다 더 잘 이해하고 있다. 그들 스스로 이 과정을 통과하도록 격려해야 한다. 이렇게 할 때 그들 스스로 또 다른 상황에도 적용할 수 있는 성경적인 의사결정 방법을 발전시켜 갈 수 있을 것이다. 그들의 결정은 그들의 문화적 이해와 성경의 가르침, 기도를 통한 성령의 인도에 의해 이루어져야 한다. 마지막 단계는 신자 공동체가 함께 도달한 결론을 적용하는 것이다. 많은 문화적 관습들을 유지하거나 거부하기도 하고 또한 일부 관습들은 수정하거나 대체하기도 한다.96)

혼합주의 신학(Syncretistic theology)이 아시아에서 기독교와 힌두교의 혼합으로 들어난 예를 보면 첫째, 로마 가톨릭 신부 크라우스 크로스터마이어(Klaus Klostemaier)는 기독교와 힌두교의 혼합을 시도했던 대표적인 인물로서 그의 기록을 보면 "힌두교에 알면 알수록 기독신학이 본질적으로 힌두교도들에

---

95) 안점식, 『세계관 종교 문화』, 213.

96) J. 마크 테리, J. D. 페인, 『교회와 선교사를 위한 선교 전략 총론』, 엄주연 역 (서울: 기독교 문서선교회, 2015), 246-247.

게 새로운 것을 줄 수 있다는 사실을 발견하고 놀라게 된다. 우리가 갖고 있는 그리스도에 대한 지식을 브라마비디아 (Brahmavadya : 절대자와의 연합되는 사건 혹은 경험)로 옮겨 놓을 때, 즉 사람이 브라마비디아에 도달하기 위해 인도의 힌 두학자들이 제시한 조건은 다름 아닌 그리스도를 아는 지식에 이르는 첫 번째 단계임을 알게 된다. … 그리스도는 인도에 이 방인으로 오지 않았고 자신의 땅에 온 것이다. 그리스도는 유 럽으로부터 인도에 오지 않았고 성부 아버지로부터 인도에 온 분이다.[97]

기독교와 불교의 혼합의 예를 보면, 홍콩의 한 감독은 이야 기하기를 "나는 Kakyamuni가 성경에서 말하는 길이요, 진리요, 생명이신 그리스도와 그 본성에서나 그 영향에서 가장 가까운 존재라고 느낀다."고 고백했다.[98]

도교 문화권에서 복음을 전파하고 양육하여 현지 교회를 세 우는 과정에서 선교사는 상황화를 하여야 하지만 혼합주의를 주의하여야 한다. 이런 과정을 통하여 복음을 듣고 영접하여 성도가 된 신자들에게 기독교 세계관이 확립되도록 양육을 하 여야 한다.

---

97) 김승호, 『선교와 상황화』(서울: 도서출판 토라, 2007), 58.
98) 김승호, 『선교와 상황화』, 59.

2. 선교학자들의 견해

a. 한스 큉의 견해

한스 큉은 도교를 개인 지향적이며 중국적인 지혜의 소산이라고 본다. 노자는 사회 질서의 보편적인 모범을 상고(上古)에서 찾았다. 도교는 기도와 위안, 장생, 나아가 영생불사를 통하여 죄악으로부터 구함을 꾀하는 자연주의적인 구원의 종교이다. 그는 도교연구에 있어서 몇 가지 양상으로 구분하였다. 첫번째 양상은 도교 안의 상고(上古) 종교적인 요소로 무교(巫敎), 조상숭배, 점술, 희생 등 기타의 의식들이다.

두 번째 양상은 도교 "철학"이라는 표현으로는 충분히 표현해 낼 수 없는 종교적 영성(靈性)이다. 도(道)는 종교적인 개념이며 도교의 근본적인 경전인 『도덕경』은 철학 이상의 저술이다. 도교의 철학은 종교적으로 심원하며 신(新)도교마저 노자(老子)의 철학적 가르침을 근거로 하고 있다.

세 번째 양상은 신비적인 측면으로 사회적·문헌학적 연구의 결과로 두 가지 형태가 있다. 먼저 신선에 관한 무수한 전설을 근원으로 하는 무교적이고 무아경적인 신비주의이다. 다음은 더 높은 차원으로 방법적이고 정적인 노자, 장자 및 그들의 주해가들에 의한 도교의 고전에 두는 신비주의가 있다. 몸, 영혼, 도의 세 가지 차원을 나타내는 다섯 가지 혹은 일곱 가지의 차원을 거쳐 영생불사 또는 초월이 가능하게 된다.

네 번째 양상은 민속 종교의 요소들로써 결혼을 하여 세속에 머물면서 마술사, 풍수가, 점술사 등의 구실을 하는 재가도사(在家道士)와 독신으로 세상을 등지고 살면서 수행에 정진하는 출가도사(出嫁道士)가 일종의 교회를 이루고 있다. 계절의 순환에 바탕을 두는 현란한 의례가 있고, 거룩한 물이 있으며, 고백과 참회가 있고 재계가 있으며, 성인들의 전설이 있다. 교회 우두머리로써 교회와 같은 교황과 같은 존재가 있다. 최고신을 대표하는 천사가 바로 그것이다. 하나 더 중요한 것은 도교와 영생의 추구가 민중의 의식에서 하나를 이루어 왔다는 점이다.99)

한스 큉이 보는 그리스도교에 대한 도교의 가장 큰 도전은 "도(道)"라고 하는 신비로운 말 그 자체이다. 도는 전무(前無), 즉 비교의 여지가 없는 개념이다. 노자의 『도덕경』에서 이해하고 있는 도의 개념은 도는 보편적이며 처음이며 끝이고, 정의하거나 표현하거나 표시할 수 없고, 하늘과 땅 사이에 존재하는, 만상에 앞서서 만상의 근원의 원리이다. 만물을 낳는 어머니인 이 원리는 움직이지 않고 정지한 상태에서 만물의 존재를 부여한다. 세상을 만들고 유지하는 것은 도의 "힘"인 덕(德)이다. 덕은 모든 존재에 드러나서 그들을 그들이게끔 한다.

도는 인간적이고 개인적인 신이 아니다. 사람은 도(道) 앞에서 빌지 않는다. 『도덕경』에서 도는 그 얼굴을 볼 수 없으며 사람이 스스로를 잃어 버렸을 때에, 아니 그렇게 되고자 하는

---

99) 한스 큉, 줄리아 칭, 『중국 종교와 그리스도교』, 이낙선 역 (경북: 분도출판사, 1994), 184-186.

노력자체를 버렸을 때에 비로써 알게 되는 표현할 수 없으며 잴 수 없는 끊임없는 진실이라고 말한다.

한스 큉은 도교에서건 그리스도교에서건 도(道)나 신(神)의 가장 핵심 되는 부분이 인간으로부터 가려져 있다고 말한다. 신의 신비를 볼 수 있다고 생각하는 자는 누구든지 과대망상에 사로잡혀 있다. 신을 이해한다고 생각하는 자는 벌써 누구를 막론하고 신을 오해하고 있다. 그리스도교의 신비신학과 부정신학의 관점으로 볼 때 도가에서 어째서 모든 식의 정의를 부정하고 도를 긍정적이라거나 부정적이라고 말하기를 꺼리는지 이해할 수 있다. 『도덕경』 14장에서는 도의 근본적인 개념에 관하여 말하기를, 눈으로 찾되 보지 못한다. 일컬어 이(夷)라 한다. 귀 기울여 듣되 듣지 못한다. 일컬어 희(希)라 한다. 손으로 잡되 얻지 못한다. 일컬어 미(微)라 한다. 이 셋이 다 해답이 없다. 따라서 혼돈하여 하나라 한다. 그 윗부분에는 빛이 없고, 그 아래 부분에는 어둠이 없다. 알 수 없으니 이름 지어 부를 수 없고 무물(無物)에 이미 돌아가 있다고 말한다.[100]

불교가 유입되면서 유교와 도교가 소홀히 해 왔던 부정의 문제, 즉 고(苦)의 문제를 다루게 된다. 불교에서 '삼사라', 곧 삼라(森羅)라고 부르는 자연은 그 자체로써 악하다. 삼라는 그 자체로써 고통을 시사할 따름이다. 만상에 내재하는 불성(佛性)만이 선하고 순수하다. 이런 불교의 영향 아래서 도교는 점점

---

100) 視之不見名曰夷, 听之不聞名曰希, 搏之不得名曰微° 此三者不可致詰, 故混而爲一° 一者, 其上不皦, 其下不昧° 繩繩不可名, 復歸于无物,

금욕적이고 밀교적인 수도종교로 바뀌어져 갔다.[101]

한스 큉은 현대에 있어서의 부정의 도전에 대하여 말하길 중국의 전통사상은 부정과 세상에 있어서의 악의 존재를 인정하고 이를 개탄하였다. 그러나 고난과 비참으로부터 하늘을 보고 울부짖는 인간의 목소리가 중국인들에게서 자주 들리기는 하나, 대규모의 비난을 행하는 것이 중국 사상의 일은 아니었다. 도교는 개인의 운명은 개인에게 달려있다고 하며 감정을 초월한 유교의 이지주의가 고난을 겪는 인간에게 아무 유익을 주지 않는 데에 반하여 인생을 선하고 오래 살 가치가 있는 것으로 믿었던 도교는 건강을 비는 기도, 점술, 구병의 기술, 장생의 양약 등을 통하여 고난을 전적으로 실제적인 각도에서 다루었다. 그러나 중국에는 도교마저도 하늘과 신에 대하여 항거하여 일어나지는 못하였다.

서양의 스콜라 철학도 부정의 문제와 악의 문제를 인정하였다. 아우구스티누스, 아퀴나스 등은 신을 변호하기 위하여 악을 전적으로 부정적으로 해석하였다. 그들은 악이란 선의 결여에 불과하며 엄밀히 말할 때 충분요소가 아닌 불충분 요소에 지나지 않는다. 어쨌거나 신에게는 아무런 하자가 없다. 세상에 나쁨이 존재한 이유는 전능하신 신이 악의 존재를 "허용"해서이다. 어째서인가? 악이란 교육하고 징벌하기 위한 수단인가? 악이란 항상 등급과 완전의 제한을 갖추어야 하는 신성한 세계

---

101) 한스 큉, 줄리아 칭, 『중국 종교와 그리스도교』, 이낙선 역 (경북: 분도출판사, 1994), 205.

질서의 한 면인가? 중세 신학의 논리가 현대의 참담한 경험에 비추어 더 이상 설득력이 있을 수 있는가? 라고 묻는다.[102]

중국 역사상에 있어서 유가(儒家)의 인생관에 내재하는 이상과 현실에 어긋남이 도가에 의하여 폭로되었다. 도가(道家)는 유가의 인생관, 중심 덕목인 인(仁)과 의(義) 그리고 당시의 질서와 의례와 고정관념과 공공제도 등의 위계질서를 부인하였다. 요약하면 도가는 스스로의 개인적, 사회적 생활을 과도하게 정치조직에 순응시키는 관료화된 유가들의 선비들을 비판하였다. 도가(道家)의 생각은 이처럼 관직은 사람을 노예로 만든다. 제도는 사람을 불구로 만든다. 참여는 사람을 더럽게 한다. 다스리지 않는 것만이 세상의 질서를 지킨다. 무위만이 평화를 보장한다고 한다.[103]

그러나 예수 그리스도는 확연하게 다른 점을 보이고 있다. 예수는 공자처럼 정치 개혁자나 교육가가 아니며 노자나 장자처럼 비정치적 회유주의자나 정관(靜觀)주의자가 아니었다. 그는 훈계하고 위협하는 예언자였다. 예수는 사회 안의 현상에 반대하여 투쟁이 극적이고 필사적인 형태를 갖추었다. 예수의 죽음은 불타나 공자만이 아니라 노자나 장자로부터 의심 없이 떼어놓는 결과를 가져왔다. 그 결과 십자가는 그 의미를 알고 모르기에 상관없이 오늘날까지 모든 곳에서 그리스도교 고유의 상징이 되었다. 그리스도적 지혜의 목표는 과연 무엇인가?

---

102) 한스 큉, 줄리아 칭, 『중국 종교와 그리스도교』, 211.

103) 한스 큉, 줄리아 칭, 『중국 종교와 그리스도교』, 213.

공자(孔子)에서처럼 세상과 어울리면서 살아가는 것이 아니다. 노자나 장자에서처럼 세상의 의심 없이 애매하면서 무상(無常) 한 성격을 보면서 위로부터 벗어나는 것도 아니다. 그리스도교 의 목표는 우리와는 다른 궁극적이고 진실한 신(神)과 우리와 는 전혀 남이면서 우리가 그 안에 무조건적으로 신뢰를 걸 수 있는 신(神)과 어울려 살 수 있게 하는 데에 있다.

한스 큉은 마지막으로 "유대인은 표적을 구하고 헬라인은 지혜를 찾으나 우리는 십자가에 못 박힌 그리스도를 전하니 유 대인에게는 거리끼는 것이요 이방인에게는 미련한 것이로되 오직 부르심을 받은 자들에게는 유대인이나 헬라인이나 그리 스도는 하나님의 능력이요 하나님의 지혜니라"(고전1:22-24) 이 말씀으로 유교도와 도교도와 그리스도교도가 다 같이 이 같 은 지혜에 관한 대화에 동참하길 요청한다.[104]

b. 안점식의 견해

노자의 『도덕경』은 "도가도 비상도(道可道, 非常道)"라는 말 로 시작한다. 즉 도에 대하여 무엇이라고 가히 말한다면 그것 은 항상 불변(不變)하는 궁극적 실제로써의 도가 아니라는 뜻 이다. 궁극적 실제는 결코 정의에 의하여 제한될 수 없기 때문 이다. 노자에게 있어 도는 형상을 초월하며 인간의 감각으로 잡을 수 없는 것이다. 노자가 말하는 도는 언뜻 보기에 성경의 하나님과 거의 다를 바가 없어 보인다. 그러나 노자의 도는 인

---

104) 한스 큉, 줄리아 칭, 『중국 종교와 그리스도교』, 219-219.

격적인 창조주가 아니라 비인격적 근원이며 만물은 도의 자기 전개에 불과하다. 이는 결국 범신론적 자연주의적 동일 철학으로 귀착된다. 노자의 사상에 있어서 또 하나의 중요한 개념은 '무(無)'라는 개념이다. 무의 개념은 도와 마찬가지로 '만물의 궁극적 근원'이다. 그러나 무에서 유가 생긴다고 할 때 그것은 성경에서 말하는 '무에서 유의 창조'라는 존재 발생론적 의미가 아니다. 단지 논리적 선후(先后) 관계로 볼 때 감각기관에 포착되는 현상계는 감각기관에 포착되지 않는 것에 근원을 두고 있다는 뜻이다. 노자의 무(無)사상은 '무위(無爲)' 사상과 연관되어 전개된다. '무위'는 '인위(人爲)'를 염두해 두고 한 말로써 문화적 인위에 대한 반문화적 저항인 동시에 난시(亂時)에 살아가는 초탈적 처세철학이다. 그러나 노자의 사상은 사회 도피라기보다는 오히려 사회의 문제를 해결하기 위한 방법으로서의 반문화주의였다. 노자는 유가(儒家)사상을 인위적인 문화주의의 대표자로 간주하고 유가사상에서 중시하는 인의예지(仁義禮智) 등의 문화적 도덕관념들을 모두 부정한다. 또한 문화의 도덕관념뿐만 아니라 문화의 이기(利器)나 제도에 대해서도 부정적인 태도를 취한다.

노자는 이상향으로써 "작은 나라와 적은 수의 백성"(小國寡民)을 꿈꾼다. 이러한 이상향은 문화를 역주행하는 반문화주의적 공동체의 성격을 가진다. 안점식은 말하길 여기서 노장사상이 비현실적이고 이상주의적인 일종의 유토피아 사상임을 발견한다고 한다. 노자는 살육과 허위와 기만이 가득한 타락한 세상을 바라보면서, "인간이 꼭 이런 식으로 살아야 하는가?"라는 근원적인 문제의식에서 출발한다. 그는 세상이 이렇게 타락한 이유가 욕심과 지혜로 인한 '인위' 때문이라고 생각하고 '무위자연(無爲自然)'로 돌아가자고 주장한다. 이러한 주장에는 부분적인 진리가 있지만 세상이 타락하게 된 보다 근본적인 원인을 간과하고 있다.

사실상 인간의 욕심은 하나님에 대한 반역으로 인한 원죄의 속성이며, 인위와 문화는 에덴에서 쫓겨난 인간이 저주받은 땅에서 살아가기 위한 방편이었다. 문화는 타락 후에 인간에게 필요악으로 주어진 산물이다. 노자는 무위자연이 실현되는 에덴동산 같은 이상향을 꿈꾸었는데 그는 왜 이런 이상향이 깨어지고 지금과 같은 인위적인 문화가 발생했는지 알지 못했다. 도가 땅에 떨어졌다는 것을 알았지만 인간이 어떻게 타락하였는지 알지 못했다. 만일 인간의 타락 사건을 알았다면 죄의 구속함 없이 인간의 노력으로 '무위자연'으로 돌아가는 반문화적 태도를 취하지 않았을 것이다. 역설적이지만 무위를 주장하는 노자의 사상은 가장 인위적인 사상이 되었다.

장자의 사상은 '허(虛)'로 대변된다. 사회적 속박에서 초탈하여 절대적 자유의 경지에서 놀고자 하는 것이다. 이런 절대적 자유의 경지를 누리기 위해서는 인식 주관과 인식 대상이 합일되어야 한다고 한다. 장자사상에서 "천지만물이 나와 함께 생겨났고 따라서 만물과 나는 하나다."[105] 라고 말한다. 장자에

---

105) 天地与我并生, 而万物与我爲一

의하면 모든 것이 하나이기 때문에 구별할 수 없다.106) 그러므로 절대 자유를 획득하는 방법은 대립자와 대립과 주객을 넘어가는 것이다. 그래서 장자는 "성인은 옳고 그름을 좋아하여 천균(天均)에서 쉰다."107)라고 말한다. 장자는 '천균'이라는 절대 평등을 통하여 절대 자유를 추구한다. 장자사상은 인간과 자연을 동일시하는 자연주의적 동일 철학이며 범신론 신비주의이다. 범신론적 신비주의에 있어서 가장 중요한 개념은 '합일'이다. 합일을 통한 신비적 체험은 자기 정체성의 상실을 통하여 일어난다. 인식 주관과 인식 대상이 각자의 정체성을 상실하고 하나가 됨으로써 일어난다. 이런 '합일주의(合一主義)'와 성경에서 이야기하는 '하나됨'은 다른 개념으로 성경은 '연합'을 말한다. 연합은 개별자들의 정체성과 다양성을 유지하면서 하나되는 것을 말한다. 지혜에 부유하신 하나님의 섭리 가운데 만물들은 정체성과 다양성을 가지고 하나이신 하나님의 주권 하에 통일되어 있다. 이것이 '연합'의 의미이다. 장자사상에서 추구하는 절대 자유는 때때로 반문화적인 일탈 행위를 불러일으킨다. 장자는 생사(生死)를 동일하게 보기 때문에 아내가 죽었을 때에도 양동이를 두드리며 노래하는 소위 '절대적인 자유'를 누린다. 그러나 장자의 절대 자유사상이 아무리 심오하게 보인다 해도 그것은 다른 사람들을 배려하지 않음으로써 다른 사람들의 자유를 침해하는 반문화적인 절대 자유이다. 성경에

---

106) 既已爲一矣 … 无适焉, 因是已
107) 圣人和之以是非,而休乎天鈞

서 말하는 자유는 반문화적이지도 일탈적이지도 않다. 성경의 자유는 하나님의 뜻에 나의 뜻을 굴복시키고 하나님의 결정에 나의 의지를 맡기는 데서 오는 자유이다.[108)

이런 도교의 토양에서 복음을 전한다면 영생과 부활에 대한 분명한 확신과 천국에 대한 구체적인 그림이 있어야 한다. 노장(老將)적 토양에서 복음을 전한다면, 본래 하나님이신 예수님이 하늘 보좌를 비우시고(虛) 이 땅에 오셔서 어느 것도 자신의 뜻대로 하지 않으시고(無爲) 온전한 자유와 평안과 기쁨을 누리시며 하나님의 뜻을 이루신 참된 사람(眞人)임을 선포해야 한다. 그러나 동시에 그리스도인은 더욱 자기를 부인하고, 내려놓고, 비우며, 자기 욕심대로 행하지 않고, 성령을 좇아 하나님의 뜻을 행하는 자가 되어야 한다.[109)

c. 매영상(梅榮相)의 견해

매영상은 박사학위논문에서 도교의 경전(經典)과 신지(神祇) 그리고 도가(道家)와 도교(道敎)의 차이점을 논하고 이어서 도교의 교리에 대한 평론을 하였다.

도교의 교리 평론에서 먼저 노자(老子)의 변위(變位)에 대하여 평론하였다. 도교는 노자의 신화(神話)에서 노자 스스로도 신이라 하지 않았는데 노자도 모르는 사이에 높여 신(神)의 자리로 옮겼다. 이는 중화자손들의 모략에서만 나올 법한 일이다.

---

108) 안점식, 『세계관을 분별하라』 (서울: 죠이선교회, 2015), 345-352.
109) 안점식, 『세계관 종교 문화』 (서울: 죠이선교회, 2008), 281.

그는 오직 진정한 '도' 앞에 겸손했으며 도에 충성한 사람이다. 노자가 지하에서 이 일을 안다면 사람들이 자신을 신의 자리에 옮겨 놓은 일을 반대했을 것이다.

둘째 평론은 도교 스스로 신을 만들어내는 것에 관한 것이다. 도교는 사람들의 마음을 얻기 위하여 필요의 신을 만들었다. 이것은 사람들이 자기 마음대로 신을 만들었다는 것을 충분히 들어낸다.

셋째 평론은 경전에 관한 것으로 도교는 끊임없이 신화를 만들어 내고 이런 조작된 신화에 근거하여 도교의 계통을 완성하였다. 그리고 위진남북조(魏晉南北朝)시대부터 도교의 경전을 조작하는 사람들이 불경(佛經)의 교의(敎義)를 표절하였다.

넷째 평론은 중국의 지식인들은 도교가 사람들을 속이고 해를 끼치며 이롭지 못하다는 것을 안다. 또한 중국인은 도사가 죽은 사람을 위하여 행하는 법사(法事)를 중국의 예교(禮敎)라고 생각하지 않는다.

다섯째 평론은 도교의 도리가 예절과 풍습에 모순된다는 것이다. 도사는 죽은 사람을 속죄시켜 천당에 보낸다고 하면서 한편으로는 죽은 사람을 위하여 종이로 만든 돈, 옷, 먹을 것, 전기제품, 자동차에 집까지 보내준다. 그러나 이런 행위는 모순된다. 천국에 갔다면 이런 것들이 필요 없기 때문이다.

여섯째 평론은 왜 귀신이 영험이 있는가? 이다. 타락한 천사인 귀신은 하나님의 영광을 얻기 위하여 하나님을 배반하였다. 그리고 계속적으로 신선이나 보살로 위장하여 사람들을 유혹

한다. 그리하여 사람들이 자신을 경배하도록 한다. 간혹 귀신의 능력을 드러내는 일들이 생긴다. 그러나 귀신에게 매인 사람들의 마지막은 지옥이다. 결과가 엄중하기 때문에 신(神)은 아무렇게나 섬기는 것이 아니다.[110]

매영상은 이어서 도교와 기독교를 비교하였다. 신에 대한 인식론, 선의 의미, 대자연, 인류의 근본적인 문제와 해결 방법에 대한 각각의 입장을 정리하였다. 대자연에 대한 서로의 입장을 보면 다음과 같다.

도교는 대자연이 자존한다고 한다. 또한 대자연의 도덕(道德)이 있다고 말하며 그 이유를 도덕율과 자연율이 같기 때문이라고 한다. 둘 다 위격(位格)이 없는 원칙이라는 피할 수 없는 인과관계를 가지고 있다. 대자연에 대하여 기독교는 하나님이 창조하신 것으로 하나님의 창조력을 드러낸다고 한다. 또한 대자연은 도덕에 있어서는 중립이며 인간은 도덕성을 가진 존재이다.

그는 또한 도교를 이해한 다음 복음전파의 책략을 제시하였는데, 먼저 도교의 장점을 접촉점으로 삼으라는 것이다. 도교는 노자와 장자의 사상을 받아들였는데 노자는 지도자가 되고자하는 자는 겸손해야 한다고 가르치고 있다. 이는 주님의 가르침과 일치한다. 또한 다른 사람과의 관계에 있어서 상대방을 공격하면 필시 대화의 기회를 잃게 된다. 이 또한 원수를 사랑

---

110) 梅榮相, "緬華敎會向当地華人民間信仰群体布道策略之探究"(敎牧博士學位論文, 馬來西亞浸信會神學院, 2014), 239-242.

하라고 하신 주님의 뜻과 상통한다. 그러므로 이를 복음의 교량으로 사용해야 한다.

둘째는 위격(位格)이 있는 신(神)에 관한 문제이다. 기독교는 하나님께서 위격이 있다고 한다. 예를 들어 지식, 의지, 감정, 창의(創意), 미감(美感), 그리고 도덕표준이 있는 신이라 한다. 그러므로 도사들을 자극하여 도교의 도에서 이런 본질을 찾아서 도(道)가 위격이 있는지 증명하라고 할 수 있다. 장자는 상제(上帝)는 위격이 있다고 말한다. 그러므로 도교도에게 사랑이 무엇이냐고 물어보면서 접촉점을 만들어 하나님의 사랑에 대하여 설명할 수 있다.

셋째는 죄악의 문제로 도교에서는 죄의 결과가 부조화(不調和)이다. 사회와 가정 그리고 생명의 부조화로 사람들이 도(道)와 결합되지 못하기 때문이다. 『도덕경』에서 말하는 표준에 다다르기 위해서는 도(道)를 떠나서는 안 되며 도를 떠나면 악운(惡運)이 온다. 그리고 사람이 늙어 죽는 것은 도와 조화로운 생활을 하지 않았음을 증명한다. 그러므로 『도덕경』에서 말하는 이 표준은 사람이 다다를 수 없다. 성경은 죄에 대하여 말하기를 "모든 사람이 죄를 범하였으매 하나님의 영광에 이르지 못하더니"(롬3:23) "죄의 삯은 사망이요"(롬6:23)라고 말한다.

넷째는 『도덕경』에서 말하는 도는 죄인을 용서할 수 없다. 『도덕경』은 죄인의 나아갈 길에 대하여 한줄기 빛을 비추지만 죄 용서의 희망을 줄 수는 없다. 도는 위격이 없으므로 선현(先賢)을 통하여 도에 대하여 알리지만 개개인과 말하지 않는다.

그러므로 죄인의 필요인 죄를 용서할 수가 없다. 죄는 성경에서 말하는 위격이 있으신 하나님만이 용서하실 수 있다. 사람은 자기를 의지하여 도덕 표준에 다다를 수 없다. 그러므로 하나님께서는 예수 그리스도를 통하여 죄 용서함 받고 하나님에게 나아올 수 있도록 하셨다.

이상의 내용을 통하여 도교의 기본 면모를 파악하게 되었으며 도교의 도리들을 사용하여 도교도와 접촉할 수 있는 좋은 접촉점을 발견하게 된다. 그러므로 그리스도인들은 도교도들을 존중함으로 좋은 관계를 형성하고 복음을 전파하여야 한다.[111]

111) 梅榮相, "緬華敎會向当地華人民間信仰群体布道策略之探究" (敎牧博士學位論文, 馬來西亞浸信會神學院, 2014), 244-247.

제3부

도교 세계관을 가진
사람들을 위한 선교전략

중국인들의 대부분은 자신들의 세계관에 대하여 깊은 이해가 부족하다. 그러나 그들 스스로가 말하듯이 도교는 중국의 옥토(沃土)에서 생기고 자란(土生土長)[1] 전통종교이다. 그러므로 중국인들은 도교 세계관을 가지고 있고 그 영향 아래에서 살고 있다. 도교 외에도 민간종교와 불교 그리고 유교 세계관도 가지고 있다. 이런 중국인들에게 복음을 전파하기 위해서는 도교 세계관과 각각의 세계관에 대한 이해가 필요하다. 연구자는 이런 필요에 의하여 도교 세계관과 그 영향을 연구하였다. 연구자가 발견한 것은 도교 세계관은 현대에도 중국인들에게 큰 영향력을 행사하고 있다는 것이다.

　　복음을 효과적으로 전파하기 위해서는 이에 합당한 전략이 필요하다. 즉 도교 세계관을 가진 중국인들을 위한 선교전략이 필요하다. 선교전략을 세우기 위해 성경진리의 거울에 비추어 도교에서 주장하는 다양한 교리와 철학을 비평하고 기독교 세계관과 비교하여 선교전략을 제시하고자 한다.

---

1) 尹信慧, "当代道教的突破与振興", 「中國社會主義學院學報」 2017年 4期 (2017. 8): 44.

제1장 도교 세계관을 가진
   사람들을 위한 선교전략

연구를 통하여 도교 세계관을 가진 사람들에게 맞는 선교전략이 필요하다는 것이 분명해졌다. 지혜로운 전략을 개발하는 데 있어서 과거와 현재에 대한 건강한 이해가 필수적인데, 이는 우리가 역사를 넘어 미래의 행동과 결과로 나아갈 수 있게 하기 때문이다.[2] 연구자는 선교지인 중국에서 오랜 시간을 지내면서 다양한 경험을 하였다. 타문화권 선교에서 만나게 되는 문제들 중에 가장 먼저 피부로 느끼게 되는 것이 바로 문화적응이다.

연구자는 30년 가까이 한국의 문화에서 생활하다가 한순간에 새로운 문화를 접하게 되었다. 살아가야 하고, 언어를 배워

---

2) John Mark Terry, J. D. Payne, *Developing a Missions-A Biblical, Historical, and Cultural Introduction* (Michigan: Baker Academic, 2013), 3.

야 하고, 그 곳의 사람들에게 내가 믿는 복음을 전파해야 한다는 부담을 가지고 선교지의 생활을 시작하였다. 시간이 지나면서 현지의 음식을 먹을 수 있게 되었고, 언어를 습득하게 되면서 사람들과 그들의 언어로 마음을 나눌 수 있게 되었다. 많은 시간이 지난 이후에 선교지에서의 생활과 사역을 뒤돌아보니 공과(功過)가 생각난다. 공(功)은 하나님의 은혜로 사역을 감당한 것이고, 과(過)는 선교지의 문화와 사람들에 대한 더 깊은 이해가 부족했다는 것이다. 그래서 앞으로의 사역과 교회와 선교사를 위하여 도교 세계관을 가진 사람들에게 효과적으로 복음을 전하기 위한 전략을 이제까지의 연구와 경험을 토대로 정리하고 제시하고자 한다.

1. 도교의 "겸손"을 통한 전략

a. 전략적 접촉점 : "겸손"

도교는 노장사상을 대표로 하는 도가의 사상과 도교를 신봉하는 도사들의 저서들을 집대성하여 도장이라는 경전을 사용하고 있다. 이 도장의 많은 내용들은 그 나름대로의 인생철학들이 내포되어 있다. 예를 들어 노자 『도덕경』 제66장[3]에서 말하길 "성인이 사람 위에 있으려면 반드시 말을 낮추어야 하며,

---

3) 是以圣人欲上民, 必以言下之.

사람보다 앞에 있으려면 반드시 몸은 뒤처지게 해야 한다."4) 이 말은 예수 그리스도께서 제자들의 발을 씻기신 일을 통하여 보여주신 모범과 가르침(요 13:12-13)과 일맥상통하는 내용이다.

중국 정치가인 마오쩌둥은 1944년 9월 8일 장쓰더(張思德)의 추도식에서 "인민을 위한 봉사(爲人民服務)"라는 도리를 연설했다. 이 내용은 당시 시대가 요구하는 새로운 도덕사상으로 인민을 다스리는 모든 사람이 인민의 이익을 위하여 분투할 것을 이야기하고 있다. 초기 중국 혁명시대 혁명가들의 사상을 표현한 말로써 그들은 고관이 되어 섬김을 받고 부귀영화를 위해서 분투한 것이 아니라, 그들이 섬기는 인민을 위하여 목숨을 바쳐 분투하는 모습을 보였다.5)

마태복음에서 말하기를 "인자가 온 것은 섬김을 받으려함이 아니라 도리어 섬기려하고 자기 목숨을 많은 사람의 대속물로 주려함이니라."(마 20:28)처럼 예수 그리스도 또한 자신의 목숨을 많은 사람들의 대속물로 내어주셨다.

이처럼 도교의 도리 가운데 "겸손"의 교훈이 있으므로 도교의 세계관을 가진 사람들을 대할 때 이것은 전략적 접촉점이 될 수 있다. 또한 『도덕경』 제42장6)에서 말하길 "도는 하나를 낳고, 하나는 둘을 낳고, 둘은 셋을 낳고, 셋은 만물을 낳는다.

---

4) 정세근, 『노자 도덕경』 (서울: ㈜문예출판사, 2018), 278.

5) https://baike.baidu.com/item/%E4%B8%BA%E4%BA%BA%E6%B0%91%E6% 9C%8D%E5%8A%A1/40335?fr=aladdin 2019년 6월 4일.

6) 道生一, 一生二, 二生三, 三生万物. 万物負陰而抱陽, 冲气以爲和.

만물은 음을 업고, 양을 안고, 기로 가득참으로써 조화로워진다."[7] 여기에서 강조하는 것은 만물의 조화를 말하고 있으며, 사람과 자연의 조화로운 공존과 사람과 사람 사이의 조화로운 생활을 추구하고 있다. 그래서 중국은 2012년 11월 중공 18대 보고에서 명확히 세 가지를 제창했는데, 그중 국가차원의 추구에서 부강, 민주, 문명, 조화를 사회주의 핵심가치관으로 제창하고 있다. 이것은 도교를 포함한 중국 전통문화에서 주장해 오던 것으로 이런 조화를 이루기 위해서는 "겸손"이라는 덕(德)이 필요하다. 이처럼 도교의 어떤 사상과 도리는 그 세계관을 가진 사람과 사회에 유익한 영향을 주었다. 그러므로 우리는 이러한 도교의 도리와 영향을 깊이 이해하고 선교전략에 적극적으로 활용해야 한다.

b. 선교 전략

중국 사람들은 관계문화 속에 있는 사람들로서 이 관계문화는 네 가지 구성요소로 구성되어 있다. 먼저는 감정(感情)으로 상대방에 대한 감정적 친밀함, 둘째는 상호 호혜성(互惠性)으로 A가 B에게 특정 혜택을 얻었다면 A는 B에게 암묵적인 채무를 지게 된다. 셋째는 미엔즈(面子)[8]로 체면을 뜻하는 말이며 중국인들은 미엔즈를 관리하는 것을 곧 자신의 존엄성을 관리하는 것으로 간주한다. 넷째는 신뢰(信賴)로 신뢰는 꽌시(關

---

7) 정세근, 『노자 도덕경』 (서울: ㈜문예출판사, 2018), 182.
8) 체면이라는 중국어 "面子"의 중국어 발음의 한국어 표기.

係)9)의 완성 단계를 규정짓는 매우 중요한 요소이다. 이처럼 중국의 꽌시는 중국 사회를 움직이는 중요한 동인(動因)이다. 그러므로 선교 대상자인 중국인과 긍정적인 꽌시는 상호신뢰를 바탕으로 견고한 교회로 성장하는데 매우 큰 역할을 한다.10) 그러므로 꽌시를 중요시 여기는 도교 세계관을 가진 사회에서 선교사가 "겸손"을 몸소 실천하며 미엔즈를 살려주는 것은 아주 중요한 일이다.(실제 1, 2 참조)

도교 세계관을 가진 중국 사람들에게 효과적으로 전도하기 위해서는 먼저 도교의 "겸손"의 도리를 활용하여 그들과 좋은 관계를 맺어 유대관계가 형성되어야 한다. 복음의 전달자인 선교사는 전도 대상이 되는 도교 세계관을 가진 사람들에게 하나님의 종으로 보여야 한다. 선교 현지에서 선교사가 현지인들에게 어떤 사람으로 인식되어야 하는지는 복음 전달에 있어서 매우 중요하다. 이 말은 전달자 자신이 메시지의 일부분이 된다는 것이다.11) 그러므로 관계의 첫 시작이 중요하다. 첫 만남에서 선교사가 "겸손"히 행하여 상대방을 인정하고 높인다면 관계에 긍정적인 효과를 미친다. 중국 사람들은 맺어진 관계로 사회의 많은 활동들을 해나가고 있다. 그러므로 어떤 한 사람과의 좋은 관계는 그가 속해 있는 관계 속으로 들어가는 관문이 된다. 선교지 사람들과 접촉점이 형성되면 가장 먼저 해야

---

9) 관계라는 중국어 "關係"의 중국어 발음의 한국어 표기.

10) 이우윤, 『선교 중국을 향한 비전과 그에 따른 중국선교 연구 자료집』(대구: 도서출판 CUM, 2012), 46-47.

11) 김성태, 『선교와 문화』(서울: 이레서원, 2003), 295.

할 것은 선교사가 갖고 있는 문화 우월성을 버리고 그들의 문화를 이해하고 존중해야 한다.

연구자가 중국에 간 90년대 초반에는 중국의 경제 상황이 열악하므로 선교사들이 경제적 우월감을 갖기 쉬운 환경이었다. 당시 연구자가 세운 선교전략은 현지생활 수준에 맞는 삶을 사는 것이었다. 그래서 복장과 식생활 그리고 거주지 수준을 선교지의 중간수준에 맞추었다. 이것은 현지문화와 현지상황을 존중하며 선교를 시작하겠다는 마음의 자세였다. 또한 우리는 선교지의 언어를 배우기 시작하면서 선교지 문화와 그들의 사상을 더 깊이 있게 이해할 수 있게 되었으며, 사람들을 만나 교제하면서 그들에게 직접적으로 복음을 전할 수 있는 접촉점들을 발견하게 되었다.

1996년 베이징의 한 지역에서 자비량[12]을 위해서 사업을 하고 있을 때 연구자는 선교지 현지인들이 처음 기술을 배우는 직원들을 존중하지 않고 봉급을 제때 주지 않는 모습들을 보면서 연구자는 직원들을 존중하며 또 그들을 복음 전도의 대상자로 여기고 관계 형성을 해야겠다고 다짐했다. 당시 현지 문화를 모두 이해하는 것은 아니었지만 모든 사람들이 가지고 있는 동일한 필요, 즉 "마음 대 마음의 접근법"[13]으로 모든 직원들을 공평하게 대하고 존중하기로 했다.(실제 3 참조)

---

12) 원래는 로마 군인이 월급으로 받던 빵이나 고기를 가리키는 말로서, 성경에서는 '양식을 스스로 갖춤', '스스로 노력해서 얻은 수입', '스스로 쓸 비용을 충당함'이라는 뜻으로 쓰임

13) 존 시먼즈, 『타문화권 복음전달의 원리와 적용』, 홍성철 역 (서울: 도서출판 세복, 1995), 113.

c. 전략적 실제

실제 1)

연구자는 2012년 가을부터 중국 산동(山東)성 더조우(德州)에 위치한 린이(臨邑)라는 지역에서 현지 신학교를 운영하여 한 달에 한 번씩 일주일간 교육을 하고 있었다. 연구자는 왕 장로[14]에게 베이징에서 신학교육을 받았으므로 교육에 참여하지 말고 관리를 전담하도록 권유했다. 그러나 그는 본인이 원하여 수업에 참여하게 되었는데 신학 교육반을 운영한지 3개월째 되던 때에 문제가 발생했다. 어느 날 시험 때 연구자는 강조하기를 신학생은 정직해야 하므로 커닝을 하지 말도록 학생들에게 당부하고 커닝 시에 0점 처리와 시험지 압수를 경고했다. 그러나 그날 또 몇몇 학생이 커닝을 했고 그 가운데 왕 장로도 있었다. 그래서 본보기로 왕 장로와 다른 남학생의 시험지를 압수하여 찢어서 쓰레기통에 버렸다. 이것은 다른 학생들 앞에서 왕 장로의 미엔즈, 즉 체면을 잃게 한 것이었다. 이 일을 계기로 왕 장로와의 관계는 끝을 맺게 되었다. 그 후 개인적으로 만나 사과하고 서로 기도하고 헤어졌지만 왕 장로는 결과적으로 이 문제를 이겨내지 못하고 연구자에게 더 이상 장소를 제공할 수 없으며 자신이 데려온 학생들은 다른 선생을

---

14) 왕 장로와 연구자는 베이징의 한 신학교에서 선생과 학생으로 알게 된 관계였다. 현지에서 학생모집과 장소를 제공하는 투찬(土産)교회의 지도자였다. 투찬(土産)교회에서 신학 교육을 시작할 때 왕 장로 부부는 적극적으로 학생모집과 장소제공을 하였다. 그리고 왕 장로 자신도 수업에 참여하였다.

불러 공부하겠다고 통지해 왔다. 연구자는 이 일을 통해서 꽌시 문화에서 미엔즈가 얼마나 중요한지를 다시금 깨닫게 되었다.

실제 2)

1996년 알고 지내던 과기대 영문과 여학생과 아내가 전도 성경공부를 오랫동안 진행했었다. 그래서 아내와 그 학생은 좋은 관계가 맺어졌고 그 후에도 그 학생에게 지속적으로 관심을 갖고 방문교제를 해왔다. 그 학생은 졸업을 하여 베이징에 있는 한 대학에 영어교사로 취직이 되었다. 어느 정도 시간이 지난 어느 날 연구자는 그녀를 다시 만나 최근 근황을 묻고 새로 시작한 교사생활에 대해서 대화를 하던 중 그녀가 이렇게 제의했다. 자기가 영어를 가르치는데 영어를 배우려면 서구문화를 이야기해야 되며 서구문화 중에 기독교 문화가 상당 비율을 차지하므로 교과 과정에 성경 백 가지 이야기라는 영어교재가 있다고 말하면서 자기가 수업 시간에 학생들에게 이 과목을 가르칠 때 아내를 대신해서 학생들에게 복음에 대하여 이야기해 주겠다고 말했다. 우리는 이야기를 들으며 생각했다. 복음을 전파하는 사역자로서는 이것은 참 기쁜 소식이었다. 그러나 그녀는 예수 그리스도를 믿지 아니하는 사람이므로 그녀가 수업 중에 복음을 이야기한다는 것은 바른 일이 아니라는 결론을 얻게 되었다. 그래서 정중하게 연구자의 뜻을 전달했다.

그 후에 예수 그리스도를 믿지 않는 사람이 복음을 전파할 수 있는가? 라는 문제를 생각해 보게 되었다. 예수 그리스도를 믿지 않는 사람은 온전한 복음을 전할 수 없다는 결론을 얻었고 그녀가 중국의 꽌시 문화 가운데 우리에게 은혜를 입었다고 생각하고 그것을 갚기 위하여 대신해서 복음을 전하겠다는 그녀의 마음은 이해가 되지만 복음은 하나님을 신앙하는 그리스도인들의 입을 통하여 전파되어야 한다. 이러한 일을 통하여 중국 꽌시 문화가 얼마나 그들의 생활 곳곳에서 영향력을 행사하고 있는지 더 깊이 있게 체험하게 되었다.

실제 3)

1996년 자비량 선교를 위하여 사업을 하고 있을 때, 연구자는 배운지 얼마 되지 않는 서툰 중국어로 직원 중 한명에게 서로를 돕자고 제의했다. 그 직원은 젊은 청년으로 직장에서 필요한 기술을 습득하기 원했고 연구자는 현지인과 중국어로 대화할 수 있는 기회를 원했다. 그래서 우리는 그 후로 집에서 자주 만나 공부도 하고 같이 식사도 했다. 시간이 흘러 그 직원과 관계가 어느 정도 형성된 이후에 연구자는 그에게 복음을 전하게 되었고, 복음을 들은 그 직원은 예수 그리스도를 개인의 구주로 영접하였다. 연구자는 선교지에서 처음으로 전도하여 예수 그리스도를 개인의 구주로 영접한 열매를 보게 되었다. 그 후 우리는 함께 성경공부를 했고 그는 말씀 안에서 계속 성장해 갔다.

선교사가 타문화권인 선교지에서 효과적으로 복음을 전파하는 사역을 감당하려면 준비해야 할 것이 많이 있지만 그중에서 가장 먼저 생각해야 할 것은 겸손히 상대방을 존중하고 그들의 세계관과 가치체계를 이해하고 긍정적인 표현을 통하여 관계 형성에 힘써야 한다.

2. "도"와 인격적인 하나님을 통한 전략

a. 전략적 접촉점 : 신(神)과의 교통

기독교와 도교 신앙의 가장 큰 차이점은 신에게 신격이 있느냐 없느냐이다. 하나님은 신격을 가지고 계신다. 그러므로 성경의 관심은 하나님과 인간의 역사 그리고 그들 상호간의 관계에 있다.[15] 하나님께서는 신격이 드러나는 지·정·의를 가지고 계신다.

성경말씀 "깊도다 하나님의 지혜와 지식의 풍성함이요 그의 판단은 헤아리지 못할 것임이요 그의 길은 찾지 못할 것이로다."(롬 11:33)에서 하나님의 지혜를 말씀하신다. 또한 신명기 4장 24절[16]에서 하나님께서 감정이 있으신 분이심을 나타내신다. 이사야 45장 7절[17]에서는 하나님께서 복을 주시겠다는 자신의 의지를 드러내신다. 하나님은 지금도 살아계시어 역사하

---

15) Paul G. Hiebert, *Anthropological Reflections on Missiological Issues* (Michigan: Baker Book, 1998), 200.

16) 네 하나님 여호와는 소멸하는 불이시요 질투하시는 하나님이시니라.

17) 나는 빛도 짓고 어둠도 창조하며 평안도 짓고 환난도 창조하나니 나는 여호와라 이 모든 일을 행하는 자니라 하였노라.

시며 하나님께서 창조하시고 구원하신 자기 백성과 교제하시기를 기뻐하시고 하나님의 기뻐하시는 뜻 가운데 자기 백성을 돌보신다.

그러나 도교에서 숭배하는 많은 신들은 중국 민간사회의 여러 정신적 요구를 반영한 것으로 다신(多神)을 숭배하며 오랜 세월을 거치면서 중국 민속 문화와 한 몸이 되었다. 도교도들은 신격화한 노자, 황제, 그 외에 신선이 되었다고 믿는 추대된 인간 신(神) 외에 우주의 일월성신 및 지상의 산과 강에서부터 작게는 고목나무와 산골짜기에 이르기까지 모두 신명이 깃들어 있다고 하는 범신(凡神) 사상을 가지고 있다.18) 이런 신들의 기능은 전문화되어 있다. 예를 들어, 오성칠요성군에서 '오성'은 세성(목성)·형혹성(화성)·태백성(금성)·신성(수성)·진성(토성)과 해와 달을 합해서 '칠요'라고 한다. 도교는 칠요마다 주관하는 신을 두고 이들 신명을 '성군'이라고 한다. 이처럼 도교의 일월성신 숭배는 오랜 역사의 유래를 갖고 있다.19) 그러므로 그들이 숭배하는 이런 신들은 사람의 필요에 따라 만들어지고 숭배되는 것으로 그것들에는 위격(位格)이 없다. 하나님께서는 사람을 섬기지만 다른 신들은 사람의 섬김을 받아야 한다.20)

도교에서 숭배하는 신들을 보면 도교 사원에 그 상징들이 그

---

18) 잔스촹, 『도교문화 15강』, 안동준, 런샤오리 역 (경기도: 한영출판사, 2012), 183.

19) 잔스촹, 『도교문화 15강』, 184.

20) John Piper, *Let The Nations Be Glad* (Michigan: Baker Academic, 2003), 37.

림으로 표현되어 벽에 붙어 있거나 목상이나 주상으로 제조되어 각각의 위치에 세워져 있다. 그 재질들은 대부분 나무, 석고, 종이, 물감들로 신들이 표현되어지고 있다. 이것들은 모두 신이라고 숭배 받지만 살아있는 것들이 아니다. 이러한 것들을 신이라고 믿고 섬기는 사람들은 자신들이 준비한 음식이나 향을 가지고 그 앞에 나아와 음식을 차리고 향을 피우며 자신의 마음속에 있는 복(福)을 신들에게 구한다. 이 과정에서 신이나 신선은 살아 있는 것이 아니므로 자신의 뜻을 표현하지 못하며 일방적으로 인간이 원하는 것들을 스스로 신으로 믿는 것에 지성(至誠)을 드리고 돌아갈 뿐이다.

이 과정에서 도교의 신들과 신도들 간에는 그 어떠한 교류도 없다. 교류가 없을 수밖에 없는 이유는 인간은 인격이 있으므로 지혜도 있고 감정도 있고 그리고 의지가 있어 자신이 원하는 것을 알며 말로 표현할 수 있다. 그러나 도교의 신은 위격이 없는 물건이므로 신도의 그 어떠한 말에도 대답할 수가 없다. 그러므로 신도들의 이러한 믿음은 참된 믿음이 아니다. 참된 믿음의 대상은 자기를 믿고 숭배하는 신도들과 교제하며 신도가 원하는 것을 알고 이루어줄 수 있는 능력을 겸비해야 한다. 인간의 입장에서 아무리 믿고 의지하고 정성을 다한다 해도 믿는 대상이 그것을 이루어 줄 수 없다면 사람들의 진실한 간구도 믿음의 기도가 될 수 없다. (실제 1 참조)

b. 선교전략

도교 세계관을 가진 사람에게 효과적으로 복음을 전파하기 위해서는 그들이 믿고 숭배하는 신들, 또는 진리라고 생각하는 내용들에 대하여 기독교의 진리와 비교해 볼 수 있도록 적절하게 진리를 제시해야 한다. 예를 들어 장자는 "하늘이 만약 한 사람을 구한다면 큰 사랑으로 그를 보호할 것이다."라고 했다. 장자의 이 말은 상제(上帝)가 위격이 있다는 것을 말한다. 이럴 경우 우리는 도교도들에게 사랑(愛)이 무엇이냐고 묻는다. 또한 그들이 신봉하는 '도(道)'에 사랑이 있느냐고 묻는다. 왜냐하면 위격의 속성이 있는 존재만이 사람을 사랑할 수 있기 때문이다. 장자의 말들은 유효한 접촉점으로 복음을 전하는 그리스도인이 하나님의 사랑을 그들에게 드러낼 수 있는 기회가 된다. 도교도들에게 복음을 전파하기 위해서 도교 세계관과 도교 경전을 이해하고 있으면 복음전파에 적절하게 사용할 수 있다.

전도를 통하여 예수 그리스도를 믿거나 믿고자 하는 도교 세계관을 갖고 있는 사람들에게 그리스도인들이 해야 할 일은 그들을 신격이 있으신 하나님을 만나도록 도와야 한다. 스스로 하나님을 만나고 하나님과의 교제를 통하여 하나님만이 참된 신(神)이심을 알도록 도와야 한다. "너희를 불러 그의 아들 예수 그리스도 우리 주와 더불어 교제하게 하시는 하나님은 미쁘시도다."(고전 1:9)는 말씀처럼 하나님께서는 하나님을 신앙하는 그의 백성들이 그 아들 예수 그리스도와 인격적으로 교제하기를 원하신다. 이러한 교제를 통하여 그리스도인은 완전히 거

듭나고 기독교 세계관이 형성되어 간다.(실제 2 참조)

사람이 하나님을 인격적으로 만나기 위해서는 먼저 하나님이 어떠한 분이신가를 알도록 도와야 한다. 우리가 믿고 섬기는 하나님은 삼위일체 하나님으로써 사랑과 공의와 거룩하심과 완전하심 등의 속성이 있으신 분으로 오직 한 분이신 하나님이시다. 이러한 하나님에 대한 인식이 부족할 때 사람들은 하나님을 만나고자 하는 마음이 생기지 않는다. 설교를 통하여 성도들에게 하나님이 어떠한 분이신가를 알리는 일에 더 많은 시간을 할애해야 한다. 또한 성경공부와 제자훈련을 통하여 구체적으로 어떻게 말씀을 읽고 기도하며 하나님과 교제해야 하는지 가르치고, 성도들이 삶에서 하나님을 경험할 수 있도록 도우며, 경험한 하나님을 나눌 수 있는 간증의 시간을 마련해 줘야 한다. 이처럼 하나님과 인격적인 교제 가운데 성령의 역사를 통하여 기존 세계관이 붕괴되고 기독교 세계관으로 변화하게 된다.

c. 전략적 실제

실제 1)

선교지 그리스도인들이 하나님을 인격적으로 만나야 할 필요를 느끼지 않거나 또한 만남을 위해 노력하지 않는 것은 복음을 전하는 자들의 전도방식에서 그 원인을 찾을 수 있다. 중국에서는 과거에 전도할 때 "예수를 믿으면 약을 먹지 않고 병

원에 가지 않고 평안해진다."(信耶穌, 不吃藥, 不看病, 保平安)
라고 전도를 했다. 이런 전도방법은 그들이 원래 가지고 있는
세계관에서 나온 전도방법으로 많은 중국인들은 종교를 통하
여 복과 평안을 추구했다. 그래서 전도자들은 위에서 말하는
구호를 가지고 전도를 했고, 이것을 들은 병자와 가난한 자와
불행한 자들이 신앙을 통하여 도움을 받았다. 그러나 이러한
전도방법에는 중요한 핵심이 빠져 있다. 그래서 예수를 믿은
후에도 복음에 대한 오해가 있었다.

그리스도인이 예수 그리스도를 통하여 하나님 앞에 나아가
는 첫째 목적은 우리의 죄를 담당하신 예수 그리스도를 믿어
죄사함 받고, 하나님 앞에서 의롭다함을 받아 하나님과 화목하
게 되어 관계가 회복되고, 하나님을 인격적으로 만나는 것이다.
그러나 중국 농촌에서 있었던 위와 같은 전도방법은 병이 낫고
평안해지면 그 외의 더 깊은 신앙의 경지인 하나님과의 인격적
인 만남은 추구하지 않았다.

실제 2)

뚱베이(東北)에서 온 한 형제[21]가 있었다. 이 형제는 베이징
北京)에 와서 공부를 마치고 직장 생활을 하면서 하나님을 믿

---

21) 그는 어릴 적에 이혼한 가정의 아버지에게 팔려 이웃에 살고 있는 가정에서 자
랐다. 그의 친아버지는 재결합 후에 후회하여 아들을 수소문하였지만 친아버지
가 아들을 찾는다는 말을 들은 양부모가 그를 데리고 성(省)을 넘어 다른 곳으
로 이사를 하여 찾을 수가 없었다. 성장한 후에 이 사실을 알고 친부모를 만나
고 서로 왕래를 하게 되었지만 양쪽 집 모두 형제에게 보이지 않는 압력을 주
었다.

게 되었다. 그는 연구자의 집에 있는 가정교회에 몇 번 참석을 하였다. 그러나 얼마 후 다른 지역으로 이사를 갔고, 10여 년이 지난 어느 날 그 형제를 다시 만나게 되었다. 형제는 그 시기에 기독교 단체에서 전임사역을 하고 있었다.

2018년 9월에 연구자는 온조우(溫州)에서 다시 그를 만났고 함께 숙식을 하면서 4일 동안 교제를 하였다. 연구자가 매일 아침 Q.T를 통해 하나님과 교제하는 것을 보고 형제도 하나님과 교제하고 싶다고 하였다. 그런데 함께 말씀과 기도로 하나님과 교제하면서 발견한 것은 그 형제가 그때까지 인격적인 하나님과 깊은 교제가 없었다는 것이다.

3. "죄"의 개념을 통한 전략

a. 전략적 접촉점 : "죄"의 개념

성경은 "죄를 짓는 자마다 불법을 행하나니 죄는 불법이라" (요일 3:4)라고 말씀하시며 죄의 개념을 하나님이 주신 율법을 범한 것이라고 가르치며 죄를 하나님과의 관계 안에서 이야기하고 있다. 죄를 윤리적인 범죄의 입장에서 보면 선과 악의 대비는 절대적이다. 죄는 선의 정도가 적은 것을 말하는 것이 아니라 적극적인 악을 말하는 것이다. 인간은 옳은 편에 서든지 아니면 그릇 된 편에 서든지 양자택일을 하지 않으면 안 된다. "누구든지 온 율법을 지키다가 그 하나를 범하면 모두 범하는 자가 되나니"(약 2:10) 이처럼 성경에서는 죄에 대한 분명한 개념을 말하고 있다. 또한 인간은 자신의 행동에 대하여 책임이 있는 존재이다.[22] 그러므로 전도자는 죄인이 예수 그리스도를 믿어 죄에서 용서받고 죄를 멀리하도록 가르쳐야 한다.

도교에서는 죄를 분명히 무엇이라고 말하지 않는다. 단지 죄의 결과가 부조화라고 말한다. 가정과 사회와 사람의 생명이 조화롭지 못한 것은 사람이 도와 결합하여 살지 못했기 때문이다. 이런 근거를 볼 때 도교도들은 도교의 "도"가 자신들을 도와 스스로의 노력으로 『도덕경』의 표준에 다다를 수 없음을 안다.

예를 들어 『도덕경』 제30장[23]과 제55장에서 중복해서 두 번이나 이야기하기를 "만물이 힘을 부리면 늙게 되니, 이를 일러 길(道)이 아니라고 하니, 길(道)이 아니면 일찍 그친다."라는 말이 있는데, 이 말의 뜻은 만물은 왕성하다보니 쉽게 늙는다. 힘세다고 힘을 쓰다보면 지치게 된다. 그것이 만물의 이치이고 인생의 원리이다. 그것은 자연의 길과는 멀다. 바른 길이 아니라 잘못된 길이다. 도가 아니라 부도이다. 도가 아니면 일찍 끝장이 나고 만다.[24] 이 『도덕경』의 내용에 근거하면 사람은 점점 늙어서 죽음을 향하여 간다. 그러므로 도(道)와 조화로운 생활을 할 수가 없다. 그러면 도교에서 인간의 희망은 어디에 있

---

22) Paul G. Herberet, *Anthropological Reflections on Missiological Issues* (Michigan: Baker Book, 1998), 200.

23) 物壯則老, 是謂不道, 不道早已.

24) 정세근, 『노자 도덕경』 (서울: ㈜문예출판사, 2018), 132.

는가? 도교에서 말하는 선(善)의 표준은 이렇다. "잘하는 사람에게 나도 잘하고, 잘못하는 사람에게도 나는 잘한다. 그러니 나의 덕은 잘하는 것이다."(제49장 2)[25) 이런 선(善)의 표준에 사람은 다다를 수 없다. 그 이유는 먼저 사람의 생활 방식이 도(道)와 조화롭지 못하고, 또는 일찍 죽기 때문이다. 이 표준에 다다르지 못하는 모든 사람은 죄인으로 죽을 수밖에 없다.[26)

선교지에서 복음을 전할 때 죄에 대하여 분명한 개념을 가진 사람을 만나기는 쉽지 않다. 그들은 죄를 단순히 선을 행하지 아니한 것, 선이 부족한 것, 또는 그들의 세계관 속에서 죄 된 일과 악한 일을 행하는 것이다. 그러나 죄는 인간의 모든 차원들(육체적·영적·이성적·사회적), 즉 창 2:7절에서 "생령"이라고 묘사된 통합된 인간 안에 결합되어 있다. 그러므로 죄는 인간의 모든 차원에 영향을 끼친다.[27) 그 결과에 있어서도 각자 가지고 있는 세계관에 따라 다르다. 도교에서는 염라대왕 앞에서 심판을 받고 지옥에서 그 결과에 합당한 고통을 받는다.

예를 들어, 도교에서는 9층, 18층, 24층, 36층[28) 등[29) 다양한 지옥이 죄 지은 자들을 위하여 예비하고 있다고 가르친다.

---

25) 善者, 吾善之, 不善者, 吾亦善之, 德 善.

26) 梅榮相, "緬華教會向当地華人民間信仰群体布道策略之探究" (教牧博士學位論文, 馬來西亞浸信會神學院, 2014), 246.

27) Christopher J. H. Wright, *The Mission of God* (Illinois: IVP Academic, 2006), 429.

28) 九層九幽地獄 十八層泰山地獄 二十四層酆都地獄 三十六層女青地獄 等等.

29) https://dao.qq.com/a/20160623/052605.htm. 2019년 6월 4일

그러므로 사람들은 이러한 두려움에서 벗어나기 위하여 현실 세계에서 선을 행하고 공덕을 쌓는다. 그러나 이 공덕이 그들의 죄의 문제를 해결해 주고 죄사함을 받게 하여 참 평안에 이르게 할 수는 없다.

이러한 공로주의 세계관 속에 있는 사람들이 예수 그리스도를 믿고자 할 때, 또는 하나님을 믿은 후에 가장 큰 문제가 되는 것이 공로 사상이다. 이들은 자신이 지은 죄를 자신이 행한 선으로 대체하고 그 공덕이 넘쳐날 때 천국에 갈 수 있다고 믿는다. 그래서 성령의 은혜로 말씀이 그 가운데 역사하여 분명하게 기독교 세계관으로의 변화가 일어나지 아니하면 교회 생활 가운데서도 언제나 죄와 사면(赦免)의 문제는 신도를 괴롭힌다.(실제 1 참조)

b. 선교전략

도교 초기의 자료에 의하면 구병(救病)의 중요성을 이야기하고 있는데 병의 치료는 지상에서 도를 대표하는 도사 앞에서 죄를 고백하고 참회하므로 고칠 수 있었다고 한다. 이러한 도교의 구병은 그들의 독특한 우주관 및 인간관과 밀접한 관련이 있다.30)

『삼국지』「장로전張魯傳」의 주석에 인용된 『전략典略』에서는 당시의 오두미도(五斗米道)가 정실(靜室)을 만들어 병자로 하

---

30) 한스 큉, 줄리아 칭 『중국 종교와 그리스도교』, 이낙선 역 (경북: 분도출판사), 1994, 187.

여금 그 속에서 반성하게 하며, 제주(祭酒)가 신도에게 노자의 『도덕경』을 전수하고 병자를 위해 기도를 올린다고 언급하고 있다. 그 내용을 보면 "기도를 올릴 때는 종이에 병자의 성명을 적되 죄를 참회하겠다는 뜻을 담아 세 통을 만든다. 하나는 하늘에 올리는 의미로 산에 놓고 하나는 땅에 묻고 마지막 하나는 물속에 넣는다. 이를 일러 삼관수서(三官手書)라 한다." 이러한 기록들은 신비적 색채를 뚜렷이 띠고 신령의 세계와 소통하려는 도교의 특징을 드러낸다. 도교는 이처럼 병을 고치기 위한 심리요법에서 죄의 문제를 다루었다.[31] 도교 세계관에서는 죄의 문제를 직시하지 않는다.(실제 2 참조)

죄의 문제는 중요한 것이다. 말씀을 듣고 예수 그리스도만이 죄를 용서하실 수 있는 분임을 알고 회개하며 주님을 의뢰할 때 죄인의 과거, 현재, 미래의 모든 죄가 사(赦)해진다. 이렇게 예수 그리스도 안에서 죄를 회개하고 사함 받지 않고서는 건강한 영적 성장을 할 수 없다. 그러므로 이러한 세계관을 가지고 있는 사람들에게 복음을 전하거나 예수 그리스도를 믿는 신자들에게 성경말씀으로 죄의 문제를 바르게 인식시키지 않으면 믿는 다고 하지만 죄의 문제가 해결되지 않는 상태에서 지속적으로 살아가게 된다.

---

31) 잔스촹, 『도교문화 15강』, 안동준, 런샤오리 역 (경기도: 한영출판사, 2012), 344-345.

c. 실제

실제 1)

연구자가 베이징 따싱(大興)에서 근 5년간 목회를 하는 동안 많은 시간을 들여 설교했던 것은 복음에 관한 것이다. 당시 그리스도의 은혜로 구원받는다는 설교를 한 후에 중직으로 섬기고 있는 자매들에게 구원에 관한 질문을 하면 그들은 믿음으로 구원받는다는 도리를 이해는 하지만 행위로 구원받는다는 의미가 담긴 대답을 해왔다.

그 중 한 자매는 연세가 칠십이 넘으셨는데 연구자가 힘을 다하여 설교한 후 반복해서 설명하고 질문을 해도 언제나 선행을 해야 구원받는다는 대답을 해왔다. 그 자매를 위하여 많은 시도를 하였지만 변화는 미약했다. 동일한 말을 수없이 되풀이했지만 그 자매의 세계관으로는 행위가 아닌 믿음으로 구원받는다는 진리를 깨닫지 못하셨다. 이것은 그의 세계관의 문제이다. 무엇인가 얻기 위해서는 대가를 지불해야 한다는 공로주의적인 생각이 굳어져 있기 때문이다. 도교를 비롯한 여러 종교들이 행위 구원을 주장하므로 선교지 사람들에게 형성된 세계관이 쉽게 변화되지 않는 것을 볼 수 있다. 이러한 세계관의 변화를 위해서는 성도들 개개인이 하나님을 인격적으로 만나도록 도와야 한다.

실제 2)

현대 중국인들은 죄를 단순히 법을 어긴 것으로 생각한다. 그러므로 법에서 규정한 규정을 어겨서 그것이 국가의 행정단체에 발견되고 고발되어져서 법이 확정되면 자신이 죄인이라고 생각한다. 그 후에 법에서 정한 형기를 마치면 자유로운 사람이 되면 죄가 없다고 생각한다. 또한 도덕적인 개념에서 죄를 생각하는데 그 개념은 아주 약하다. 윤리 도덕에 맞게 행하는 것을 '좋다'고 표현하고 그렇게 행하지 못하는 것을 '나쁘다'고 표현한다. 그러나 이것을 죄라고 생각하고 자신이 죄인이라 인정하고 죄사함이 필요한 존재라는 인식은 아주 희박하다.

4. 우주 생성관과 창조론 비교를 통한 전략

a. 전략적 접촉점 : 생성관과 창조론

도교의 우주천체 기원사상은 도가들이 생각하는 우주생성과 연화의 기본 규율을 출발점으로 삼고 있다. 도교의 천체기원과 연화는 '자연(自然)'이라는 특별한 우주 생성관을 가지고 있으며 우주 천체기원에 도교 신비주의 인식론이 분명하게 드러나고 있다. 도교의 우주 생성관은 종교화되어 있고 또 어느 정도의 "신(神) 창조설"32)을 포함하고 있으나, 대부분은 "과학"과

---

32) 여기서 말하는 신은 종교화되고 신격화된 노자를 말한다. 도교에서 노자는 태상노군(太上老君)으로 추앙받고 있다.

"자연"의 우주 생성론 사상으로 이루어졌다. 그 중에서 천체의 기원인 "기(氣)"가 한 예이다. 도교에서는 천체기원을 "기"라고 생각한다. 천체연화와 우주생성에 있어서 "기"가 중요한 작용을 한다.

도교에서는 만물의 기원을 "기(氣)"라고 한다. 천지가 형성되기 이전에 원기가 있었으며 이 상태는 분화가 되지 않은 혼돈의 상태를 이야기한다. 원기는 후에 음양 두 가지 기로 분화된다. 도교는 중국 전통문화 중에 있는 각종 "기"에 대한 이야기를 흡수하고 발전시켰다. 그 기초 위에 천체의 기원과 연화의 우주생성에 "기" 이론을 받아들여 발전시켰다. 이처럼 도교도들은 도를 우주의 근본으로 삼고 "기"의 개념을 도입하여 우주론를 구축하는 기본 범주로 설정했다.[33] 도는 '텅 비어 있는' 현허(玄虛)의 실체이다. 그러므로 여기에서 만물이 나올 수 없으므로 『도덕경』 제42장 1에 있는 가르침인 "도는 하나를 낳고 하나는 둘을 낳고 둘은 셋을 낳고 셋은 만물을 낳는다. 만물은 음을 업고 양을 안고 기로 가득참으로써 조화로워진다." 라는 논리를 따라 "기"를 우주연화 과정의 중요한 연결고리로 간주했다.

이처럼 도교에서 신(神) 창조설을 종교적인 입장의 우주 생성관으로 이야기하고 있지만 결과적으로는 도교에서 숭상하는 "도"가 낳은 것은 하나, 즉 "기"를 말한다. 이 "기"는 곧 "원기"라고 한다. "원기"에서는 태양·태음·중화의 세 가지 "기"가

---

33) 趙芃, 『道教自然觀研究』 (成都: 巴蜀書社, 2007), 9.

생성되어 나온다. 생성된 태양은 하늘이 되고, 태음은 땅이 되고, 중화는 사람을 낳게 된다. 이 천지인이 서로 감응해 만물을 만들었다. 이것이 도교 철학에서 제시하는 우주 만물생성의 논리적 기본 틀이다.[34]

위의 내용을 볼 때 도교에서 주장하는 우주생성관은 "도"가 "기"를 낳은 과정에서 "도"라는 신이 "기"를 창조했다고 말하지만, 그 외의 과정에서 연화론(演化論)은 진화의 과정을 반영하여 설명하고 있다. 이러한 사상은 위에서 이미 말한 것처럼 중국 전통문화 속에 내재해 있는 진화론 사상으로 현대 중국에서 신봉하는 과학[35]과 부합되는 사상이다. 중국은 과학 제일주의를 주창하고 있는데 진화론은 우주만물의 생성에 관한 중요한 이론이다. 그래서 모든 교육과 사회활동에서도 진화론에 입각한 과학을 응용하도록 종용하고 있다. 중국 도교 세계관을 가지고 있는 사람들은 진화론에 대한 입장이 확고하다. 그래서 그들에게 복음을 전파할 때 부딪히게 되는 문제 중에 창조론과 진화론의 문제는 아주 중요하다.

b. 선교전략

공교육을 받은 거의 모든 사람들이 진화론에 기초한 교육을 받았고 그것이 가장 과학적이고 바른 것이라고 배워 왔기 때문

---

34) 잔스촹, 『도교문화 15강』, 안동준, 런샤오리 역 (경기도: 한영출판사, 2012), 261.

35) "과학기술은 생산력이다"는 마르크스주의의 기본원리이다. 마르크스가 말하길 "생산력 중에 과학이 포함된다고 했다."고 한다.

에 우리가 예수 그리스도를 전파하고 대화나 질문 가운데 창조
론과 진화론의 문제가 대두되면 그들은 언제나 강력하게 진화
론을 옹호한다. 그래서 그들이 믿는 과학적 근거가 분명한 예
를 들어 설명하지 않는 한 진화론의 문제를 바르게 알려주기는
쉽지 않다.(실제 1 참조)

　예수 그리스도를 믿지 않는 사람이 복음을 듣고 자신의 세계
관과 알고 있는 지식에 반(反)하는 것을 받아들이고 믿는다는
것은 참 어려운 일이다. 그래서 성경에서 전도하기 전에 기도
하여 성령님의 은혜를 구하라 하셨다. 하나님이 역사하셔야 사
람의 마음을 바꾸는 일이 일어난다. 성령의 강한 역사가 필요
하다. 성령은 예수의 이름을 들어보지 못한 사람들 가운데서도
역사하고 있다. 성령은 회교도, 힌두교도, 불교도, 정령 숭배자,
공산주의자, 무신론자, 그리고 명목상의 기독인들의 마음 가운
데 역사하고 있다. 예수는 성령이 "죄에 대하여, 의에 대하여,
심판에 대하여 세상을 책망하시리라 … 그가 내 영광을 나타내
리니, 내 것을 가지고 너희에게 알리겠음이니라" (요 16:8;
16:14)고 약속하셨다.[36](실제 2 참조)

　개인전도에서 뿐 아니라 교회 안에서도 기독교 세계관이 확
실하지 않은 성도들 중에 창조론보다 진화론을 믿는 사람들이
있다. 그러므로 믿기 전이나 처음 믿기 시작 할 때 성경 말씀
으로 분명하게 창조론에 대하여 인식시켜 믿을 수 있도록 도와

---

36) 존 시먼즈, 『타문화권 복음전달의 원리와 적용』, 홍성철 역 (서울: 도서출판 세
　복, 1995), 175.

야 한다. 창조론을 믿는 것은 곧 기독신앙의 근본이 되며 하나님의 신격(神格), 살아계심, 능력, 역사성을 믿는 기초가 된다. 우리가 믿는 하나님은 신화(神話)의 한 부분이 아니라는 것을 믿는 것이다. 우리가 복음을 전할 때 많은 사람이 하나님의 천지 창조의 역사성을 부정하며 신화로 생각하고 신(神)을 신앙하는 것을 정신적 의지나 위안으로 생각한다. 이런 믿음으로는 세계관 변화가 일어날 수가 없다. 폴 히버트는 세계관이 두 가지 방식으로 변한다고 말한다. 성장을 통한 변화와 근본적인 전환으로 인한 변화이다. 세계관 안에서 통상적인 변형은 표면적인 모순들과 인생의 딜레마[37]를 접하고 더 많은 정보의 획득과 문제해결 기술의 진보, 능력의 개발 등으로는 풀 수 없는 새로운 경험을 할 때 일어난다. 이런 딜레마들을 해결하는데 세계관의 변화가 요구된다고 한다.[38]

그리스도에게로의 회심은 문화의 세 가지 차원 즉, 행위와 의식, 신념, 세계관을 모두 아우를 수 있어야 한다. 그리스도인은 물론 그리스도인이므로 다르게 살아야 마땅하다. 그러나 그들의 행위가 주로 문화에 바탕을 두고 있으면 그것은 죽은 전통이 되고 만다. 회심은 신념의 변화를 포함해야 하지만 거기에만 그치면 그것은 거짓 믿음에 불과하다. 회심은 행위와 신념의 변화를 수반해야 하지만 만일 세계관이 바뀌지 않으면 나

---

37) 일반적으로 진퇴양난에 빠졌다는 의미, 두 개의 판단사이에 끼어 어느 쪽도 결정할 수 없는 상태에 빠져 있는 것을 말한다.

38) 폴 히버트, 『21세기 선교와 세계관의 변화』, 홍병룡 역 (서울: 복 있는 사람, 2014), 603.

중에 복음이 거꾸로 뒤집어져서 그 지역 문화의 포로가 되고 만다. 그래서 세계관의 변화는 21세기의 교회와 선교의 중심이 되어야 한다.[39)]

c. 실제

실제 1)

연구자의 아들이 베이징의 모 대학을 다니는데, 학교 수업 중에 종교 문제가 나와 다른 학생들과 토론을 할 기회가 있었다고 한다. 그 때 아들은 본인의 입장인 성경에서 말하는 창조론을 이야기하였다. 그러자 교수님이 아들에게 질문을 하였다. 사람은 왜 꿈을 꾸는가? 꿈을 꾸는 자기와 자고 있는 자기 중에 무엇이 참 자기인가? 등 질문을 하였다고 한다. 교수님은 종교의 신비로움이나 힘을 부정하지는 않지만, 기독교 외의 다른 종교에서도 이런 현상이 있다고 말하였다. 이처럼 중국의 지식인들도 영적인 고민을 하고 있다. 또한 학생들은 창조론을 과학에서 입증할 수 없는 하나의 신화적 관점으로 보고 말하면서 자신들이 이제까지 배워 온 논리체계를 가지고 진화론이 맞다는 것을 주장하였다고 한다.

아들이 이 대화를 마치고 연구자에게 이야기한 것은 진화론은 잘못된 것이고 하나님께서 세상을 창조하신 것이 분명하지만, 진화론을 옹호하는 사람들의 논리체계가 견고하고 그들의

---

39) 폴 히버트, 『21세기 선교와 세계관의 변화』, 601.

확신이 너무 강하여 몇 마디 말로 그들에게 창조론을 이야기하여 긍정적인 반응을 얻기가 어렵다고 했다.

실제 2)

도교 세계관에서 말하는 진화는 과학적이라는 증거가 있어 그것을 믿는 사람들은 진화론을 진실로 믿는다. 특히 중국에서는 진화론은 당연시되고 있다. 과학 이론이 잘못된 것일지라도 중국인들은 믿고 확신한다. 또한 과학은 국가 통치 이념이기도 하다. 선교사는 이런 진화론의 허구를 알려야 한다. 그리고 창조론이 신화가 아니라 역사성이 있는 실제라는 것을 선포하여야 한다.

중국에서 창조론을 이야기하는 사람은 자주 주위의 사람들에게 조롱을 받고 무엇인가 부족한 사람처럼 취급받는다. 그래도 우리는 복음을 전파하여야 한다. 그들의 세계관과 가치관에 충돌이 생기도록 해야 한다. 모든 사람이 그렇게 알고 믿는다고 다 진리는 아니다. 성경에서 말하는 창조론이 진리이므로 우리는 진화론자들과 대화할 때 분명하게 우리가 믿고 확신하는 것을 말해야 한다. 아무도 주장하지 않으면 그들은 한 번도 깊이 있게 생각해 보지 않고 당연히 진화론만 믿고 살아가게 된다.

5. 장생불로와 기독교 구원론을 통한 전략

a. 전략적 접촉점 : 장생불로와 기독교 구원론

도교사상의 근본이 되는 『도덕경』에 "옛날부터 이 도(道)를 귀하게 여기는 까닭이 무엇인가? 이를 얻음으로써 죄가 있더라도 면하게 된다고 하지 않더냐? 따라서 천하가 귀하게 여기는 것이다."[40](제62장 3)라는 말이 있다. 이 말에 죄를 면하게 된다는 내용이 있다. 그러나 "도"가 우주형성 전에 존재하였고 변하지 아니하는 제일의 진리, 만물의 시작, 만물이 그로부터 형성되었다고 하지만 분명한 것은 이 "도"는 자연의 도이며 인간의 도이며 다스리는 길이다. 그러므로 도는 위격이 있는 신이 아니며 행동원칙일 뿐이다.[41] 위격이 없는 역량인 도는 도덕적인 판단이 없는데 어떻게 용서할 수 있겠는가! 죄의 용서는 성경에서 말하는 위격이 있는 하나님만이 가능하다. "그러므로 형제들아 너희가 알 것은 이 사람을 힘입어 죄사함을 너희에게 전하는 이것이며 또 모세의 율법으로 너희가 의롭다하심을 얻지 못하던 모든 일에도 이 사람을 힘입어 믿는 자마다 의롭다하심을 얻는 이것이라."(행 13:38-39, 참고 요1서 1:9) 이 말씀처럼 하나님만이 죄를 사하실 수 있는 권세를 가지고 계신다.

우리와 동일하게 하나님 앞에서 죄인인 도교 세계관을 가진

---

40) 古之所以貴此道者何? 不曰 : 求以得, 有罪以免邪? 故爲天下貴.

41) 秦家懿。孔漢思, 『中國宗敎与基督敎』(北京: 三聯書店, 2003), 110.

사람들 모두는 공통된 필요와 문제가 있다. 그것은 바로 도교에서 해결되지 못하는 죄의 문제, 즉 죄사함이고, 구원의 문제이다. 이 필요는 본인의 의사와 관계없이 모든 사람이 필요한 것이다. 사람들은 각자 자신이 옳다고 생각하는 방법으로 이 문제를 해결하기 위하여 노력한다. 도교에서는 죄의 문제를 해결할 수 없고 또 그들이 생각하는 구원은 이 땅에서 선행과 수련을 통하여 생명을 연장하거나 신선이 되어 선경이라는 장소에서 더 나은 삶을 영위하는 것이다. 도교에서는 생을 즐거움으로, 오래 사는 것을 더 큰 즐거움으로, 죽지 않고 신선이 되는 것을 최고의 즐거움으로 간주하기 때문이다.[42] 그러나 이것은 진정한 구원이 아니며 인간의 방법으로는 그들이 원하는 곳에 다다를 수 없다.

b. 선교전략

구원의 개념이 불분명한 도교 세계관을 가진 사람들에게 구원의 필요성을 알리고 창조주 하나님과 관계 회복의 필요성을 선포해야 한다. 그러기 위해서는 성경에서 말하는 하나님, 즉 창조주이시면서 자신이 창조하신 사람들을 사랑하시는 하나님에 대하여 그리고 사탄의 유혹에 넘어가 죄를 짓고 반역한 인간의 상태를 분명하게 알려야 한다.

하나님께서 사람을 창조하셨을 때 사람들의 상태는 하나님과 언제나 교제할 수 있었으며 하나님이 예비하신 아름다운 에

---

42) 葛兆光, 『道敎와 中國文化』, 沈揆昊 역 (서울: 東文選, 1993), 204.

덴동산에서 모든 것을 누리며 살고 있는 상태였다. 사단으로 말미암아 죄가 들어와 하나님과의 관계에 변화가 생겼고 죄의 오염으로 인간과 모든 창조물은 하나님께 나아갈 수 있는 길을 잃어버리게 되었다. 이러한 인간을 위하여 하나님께서는 독생자 예수 그리스도를 보내시어 죄를 대신 지게 하셨으며 그 죄로 인하여 십자가에 못 박혀 죽으시고 부활 승천하시어 인간을 구원하실 수 있는 유일한 중보자가 되셨다. 그러므로 모든 죄인은 오직 예수 그리스도의 보혈의 피로 씻어 죄사함 받고 거룩하신 하나님에게 나아갈 때 구원에 이르게 된다. 이 진리를 선포하고 알리는 것이 전도자와 선교사의 사명이다. 타문화권이나 다른 세계관을 가진 곳에서 이 사명을 효과적으로 완수하기 위해서는 바른 전도 접근법[43]을 사용해야 된다.

시몬즈는 세 가지 접근법을 소개하고 있는데 첫째, 마음 대 마음의 접근법이다. 이 방법은 인간의 보편적인 필요들을 채워주는 방법으로 복음전파에 아주 효율적인 방법이다. 보편적인 필요들이란 종교의식, 열망, 갈망의 필요들이 있다는 것이다.[44] (실제 1 참조)

둘째, 접촉점 접근법으로 일반적 관심들 가운데서와 공통적 필요와 문제에서 접촉점을 발견하는 것이며 또한 공통된 종교사상들에서 접촉점을 찾는 것이다.[45] 예를 들어, 종교가 있든

---

43) 선교전략에서 연구자는 접촉점 접근법을 설명하였고 선교전략으로 제시하였다. 그리고 시먼즈가 정리한 효과적인 접근법이 있어서 이곳에서 소개한다. 자세한 내용은 참조 : 시먼즈의 『타문화권 복음 전달의 원리와 적용』, 107-127.
44) 존 시먼즈, 『타문화권 복음전달의 원리와 적용』, 홍성철 역 (서울: 도서출판 세복, 1995), 113.

없든 사람들은 모두 좋은 이야기를 듣고 싶어하고 복에 관한 이야기를 좋아한다. 그러므로 어떤 일을 앞둔 사람에게 전도자가 "내가 당신을 위하여 기도하겠습니다.", "나는 당신을 축복합니다." 등의 말로 위로하고 축복할 때 상대방의 긍정적인 반응을 이끌어 낼 수 있다. 이때 주의할 점은 언제나 예의 바르고 설명이나 긴 이야기 전에 상대방의 동의를 얻어야 한다는 것이다.

또한 모든 종교는 공통된 종교 사상이 있다. 궁극자, 절대자에 대한 개념과 인간은 근본적으로 어떤 존재인가? 의 문제, 궁극자, 인간, 자연의 삼자관계에 대한 문제, 죽음에 대하여, 고통의 기원과 본질은 무엇인가? 등의 공통된 사상들이 있다.[46] 이런 문제들에 대하여 기회가 되면 즐거운 분위기 가운데 나누어야 한다. 종교마다 공통된 문제에 다른 답을 제시하므로 대화를 통하여 접촉점을 찾을 수 있다. 셋째, 대조접근법이다. 기독교와 타종교들 간에 유사점보다는 대조점을 발견하려는 것이므로 접촉점 접근법과는 서로 상반된다.[47](실제 2 참조)

---

45) 존 시먼즈, 『타문화권 복음전달의 원리와 적용』, 117-122.

46) 안점식, 『세계관 종교 문화』(서울: 죠이선교회, 2008), 차례.

47) 존 시먼즈, 『타문화권 복음전달의 원리와 적용』, 홍성철 역 (서울: 도서출판 세복, 1995), 125.

c. 실제

실제 1)

2002년 연구자에게 제자훈련을 받으러 온 한 자매[48])가 있었다. 우리 부부가 관찰한 결과 이 자매는 심령의 치유가 필요했다. 성령 안에서 안정과 자유에 대한 필요가 있었다.[49])

당시 자매 상태는 말수가 적고 불안해했으며 언제나 긴장된 상태였다. 겉으로 보기에도 마음의 큰 짐을 가지고 있는 모습이었다. 그래서 우리 부부는 자매에게 휴가를 주어 아버지를 찾아가 만나도록 권유했다. 당시 그녀의 아버지는 건강이 좋지 않고 가정문제가 심각한 상태였다. 그 아버지는 이혼 후 재혼을 했으며 병이 들자 재혼한 아내가 모든 재산을 가지고 떠나버린 상태였다. 그래서 병든 몸을 이끌고 동생과 어렵게 살고 있었다. 자매는 아버지를 만나 별다른 대화는 없었으나 집안을 정리하고 그리스도인의 변화된 모습으로 아버지와 동생을 섬겨주고 돌아왔다. 그 후 두 번의 방문이 더 있었고 자매의 마음속에서 서서히 아버지에 대한 미움이 사라지고 그리스도의 사랑으로 아버지를 긍휼히 여기기 시작했다. 두 번째 방문 때

---

48) 자매의 상황은 그녀가 14살 되던 해 여름에 부모가 이혼을 하였다. 이혼 당시 3명의 딸이 있었는데, 이혼 후 엄마는 막내딸을 데리고 떠났고, 아버지는 상대적으로 양육비용이 덜 드는 초등학생인 둘째 딸을 데리고 갔다. 당시 중학교 1학년인 자매는 아버지와 엄마가 각자 동생들을 데리고 떠난 후에 혼자 남게 되었다. 그래서 가정교회에서 생활하다가 한 지도자를 만나 그 집에서 생활을 하게 되었다. 1년 정도 후에 베이징에서 사역을 하는 연구자에게 보내졌다.

49) 존 시먼즈, 『타문화권 복음전달의 원리와 적용』, 114.

에 아버지에게 복음을 전했고 그 후 그 자매의 아버지는 병이 악화되어 세상을 떠났다. 자매는 다시 고향을 방문하여 장례를 치루고 동생을 데리고 베이징으로 돌아왔다.

이러한 과정 가운데 우리 부부가 경험한 것은 이 자매의 근본적인 필요는 혼자 해결할 수 없는 마음의 큰 짐인 용서할 수 없는 부모였다. 자매가 그리스도 안에서 부모를 사랑으로 용서하자 마음의 안정을 찾게 되었으며 부모를 미워하는 마음에서 자유를 얻게 되었다. 이처럼 근본적인 문제가 해결될 때 영적인 성장이 있게 된다.

실제 2)

도교에서 말하는 '도(道)'와 요한복음에서 말하는 '도'(Logos를 중국어 道 번역함)는 같은 단어를 사용하지만 그 의미와 실제는 완전히 다르다. 도교의 도는 공허하고 인격이 없는 것이다. 그러나 기독교의 도는 살아계시는 하나님의 말씀이다. 곧 성자 예수 그리스도를 말한다. 또한 구원에 있어서도 도교에서 자신들의 노력으로 신선이 되고자 하는 것과 기독교에서 예수 그리스도의 공로를 의지하여 죄사함 받고 구원받는 도리는 완전히 다른 차원의 일이다. 그러나 주의할 점은 전도자는 이러한 대조점을 상대방에게 제시하고 상대방이 스스로 발견할 수 있도록 시간을 주는 것이다. 이런 방법들은 타문화권, 즉 우리와 다른 세계관을 가진 사람들에게 효과적으로 복음을 전하는데 좋은 방법들이다.(표 3 참조)

제2장 선교전략의 적용과 제안

선교지에서 복음을 듣고 예수 그리스도를 영접하고 교회에
서 신앙생활을 하는 성도들을 "가르쳐 지키게 하는 일"은 매우
중요하다. 선교전략을 세우기 전에 먼저 기도해야 한다. 기도
는 항상 유익하다.[50]

하늘과 땅의 모든 권세를 하나님으로부터 받은 예수 그리스
도께서 그의 제자들에게 명하시기를 "그러므로 너희는 가서 모
든 민족을 제자로 삼아 아버지와 아들과 성령의 이름으로 세례
를 베풀고 내가 너희에게 분부한 모든 것을 가르쳐 지키게 하
라. 볼지어다 내가 세상 끝날까지 너희와 항상 함께 있으리라
하시니라."(마 28:19-20) 예수께서 제자들에게 주신 명령은 복
음을 전파하는 것뿐만 아니라 예수 믿는 자에게 세례를 베풀고

---

50) J. Herbert Kane *Christian Missions in Biblical Perspective* (Michigan: Baker Book
House Grand Rapids, 1989), 314.

말씀을 "가르쳐 지키게 하는 것"을 포함하고 있다.

선교사와 현지인 사역자들은 선교지의 세계관을 이해해야 한다. 그러기 위해서는 학습을 통하여 본질적이고 근본적인 대답을 할 수 있어야 한다. 제임스 사이어는 그 명제를 일곱 가지로 정리하였다. 첫째, 진정으로 참된 최고의 실재(實在)는 무엇인가? 둘째, 외부의 실재, 즉 우리를 둘러싼 세계의 본질은 무엇인가? 셋째, 인간은 무엇인가? 넷째, 인간이 죽으면 어떤 일이 일어나는가? 다섯째, 지식이 가능한 까닭은 무엇인가? 여섯째, 무엇이 옳고 그른지 어떻게 알 수 있는가? 일곱째, 인간 역사의 의미는 무엇인가?[51] 이런 질문을 통하여 현지의 세계관에 대하여 생각해 봐야 한다. 그리고 기독교 세계관으로 변화시키기 위해 말씀에 근거하여 이 질문에 대한 답들을 가르쳐야 한다.

그러므로 기독교 세계관은 교육되어야 한다. 즉, 기독교 교육을 통해서 세상을 하나님의 관점에서 바라보고 삶과 다양한 현상들을 성경적으로 재해석할 수 있는 영적인 안목을 길러줘야 한다.[52] 교회사역과 신학훈련 사역 가운데서 기독교 세계관을 세우기 위하여 노력해야 한다.

선교사는 설교와 성경공부를 통하여 삼위일체 하나님에 대하여 분명하게 가르쳐야 한다. 특히 우리의 중보자이신 독생자

---

51) 제임스 사이어, 『기독교 세계관과 현대사상』, 김헌수 역 (서울: 한국기독학생출판부, 2015), 26-27.

52) 이선영, "포스트모던 시대에서 기독교세계관 교육의 중요성 및 방향 연구", 「개혁논총」제37권 (2016. 3): 161.

예수 그리스도에 대한 가르침은 꼭 필요하다. 많은 그리스도인 들이 복음을 듣고 믿음을 고백하여 교회 안에 들어왔지만 그들은 아직 이전 세계관에서 기독교 세계관으로 변화된 것이 아니다.

윌리스의 혁신(Revitalization)모델53)에서 말한 것처럼 두 번째와 세 번째 시기에 개개인의 스트레스와 문화이탈 시기가 선교에 있어서 가장 복음의 수용성이 높은 시기이며, 복음을 통하여 기존의 세계관을 성경적 세계관으로 변혁하고 문화를 안정적으로 변화시킬 수 있기 때문이다.54)

이 모델의 과정은 개인이 복음을 받아들인 이후에 드러나는데 기존 세계관 속에서 생활하던 사람이 복음을 듣고 새로운 세계관을 접촉하게 될 때 많은 스트레스를 경험하게 된다. 이전의 안정적인 상태에서 마음속에 이전까지 알고 있었던 것이 참된 것이 아니라는 문화적 충격은 사람을 불안하게 한다. 이 시기에 복음에 대한 내용들을 말씀을 통하여 더 구체적으로 듣고 확신을 하게 되면 이전 문화와 세계관에서 이탈하는 과정을 겪게 된다. 이전 문화와 세계관에서 이탈하게 된 사람은 새로운 문화와 세계관을 받아들이며 혁신의 길로 나아간다. (그림 1 참조)

---

53) 찰스 H. 크래프트, 『기독교 문화인류학』, 안영권, 이대헌 역 (서울: 사)기독교문서선교회, 2010), 718.
54) 김성태, 『선교와 문화』(서울: 이레서원, 2003), 96-97.

그림 1 안토니 월리스의 세계관 변화 과정 모델[55)]

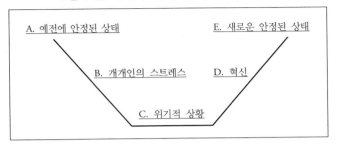

A. 예전에 안정된 상태   E. 새로운 안정된 상태

        B. 개개인의 스트레스   D. 혁신

                C. 위기적 상황

그러므로 이 시기에 하나님의 말씀을 가르쳐 지키게 하는 일은 아주 중요하다. 이전에 도교 세계관을 가지고 있던 사람이 복음을 듣고 기독교 세계관을 접하게 되면 먼저 "도"와 신격화된 노자, 필요에 따라 만들어진 신지(神祇)에 대한 부정적인 생각이 생기고, 이전까지 알고 있었던 세계에 대한 많은 정립들이 흔들리게 된다. 이때 삼위일체 하나님이 참 하나님이며 이분이 천하 만물을 창조하셨고 우리와 신격 대 인격의 교제를 원하시며 죄로 인해 죽을 수밖에 없는 자기 백성을 위하여 아들 예수 그리스도를 보내시어 구원하신다는 사실을 진리의 말씀으로 가르쳐야 한다.

이전 세계관 속에서 혼돈스러우며 의지할 것이 없어지고 공허한 심령을 진리로 향하여 나아갈 수 있도록 도와야 한다. 이러한 시기를 지나 진리를 받아들이고 믿고 확신하게 되면 혁신이 일어나 세계관의 변화가 생기고 새로운 안전기로 들어서게 된다.

55) 찰스 H. 크래프트, 『기독교 문화인류학』, 안영권, 이대헌 역 (서울: 사)기독교
   문서선교회, 2010), 719.

선교지 현재 교회는 초신자 교육이 필요하다. 초신자 교육에 대한 인식부족과 초신자에게 갖는 일반적인 관심 또한 부족하다. 특히 예수 그리스도를 믿었다는 것은 이제 영적 어린아이가 되어서 더 큰 보살핌과 양육이 필요한 시기라는 인식이 부족하다.

많은 소규모의 가정교회는 초신자를 위한 성경공부 프로그램이 부족한 상태이다. 힘든 과정을 거쳐 하나님의 은혜로 교회에 처음 발을 들여놓은 사람들이 그리스도를 이해하고자 할 때 어려움이 있다. 믿는 사람 또한 기독신앙에 대해서 더 깊이 있게 알아갈 수 있는 기회를 얻기 쉽지 않다. 많은 경우 성경교사의 부족으로 인하여 체계적인 성경공부나 제자훈련이 이루어지지 않는 경우이다. 그리고 인식부족으로 처음 기독교에 관심을 갖는 사람이나, 믿는 사람들을 위한 체계적인 성경공부반을 운영하지 않고 있는 실정이다.

[전략적 제안]

연구자의 전략은 선교사나 현지 목회자는 목회 시작과 동시에 성도들을 위한 성경공부와 제자훈련을 통하여 제자화하는 것이다. 선교지 현지에서 단시간에 효과를 보기는 쉽지 않지만 사명으로 생각하고 한 사람이든 두 사람이든 제자훈련을 해서 중간 지도자로 세우고 이들을 통하여 새신자 성경공부와 제자훈련을 감당하도록 해야 한다. 제자화된 집단 안에 도덕적인 변화가 일어나는 것이며 공동체 전체에 철저한 기독교적 생활

방식이 점차 이루어지며 다음 세대의 회심이 일어난다.56)

연구자는 중국사역 초기 자비량 선교를 하면서 개인 전도를 통한 제자훈련 사역을 하였다. 그 후 가정교회의 필요에 따라 젊은 청소년들의 제자훈련을 지속해 왔다. 이 과정에서 많은 수고와 노력과 실패가 있었지만 지나간 사역을 돌아볼 때 성경 공부와 제자훈련이 있었기 때문에 연구자가 선교지를 떠난 현재에도 선교지에서 사역이 지속되고 있다.

한 사람이 복음을 듣고 그리스도 안에서 기독교 세계관으로 변화되어 선교사의 비전을 자신의 비전으로 받고 선교사와 관계없이 평생을 그 비전을 위하여 헌신하는 것은 쉬운 일이 아니다. 그러나 하나님의 크신 사랑과 은혜, 하나님과 동역하는 사역자들의 수고로 많은 형제자매들이 주님께 자신을 헌신하여 드린다.

연구자는 2009년부터 10년 동안 교회 지도자 양성을 위하여 신학교를 운영하고 강의를 하였다. 신학생들의 필요에 따라 과목들을 정하고 가르치면서 신학교 교육에도 문화에 대한 이해와 세계관의 변화를 위한 교육이 필요함을 절실하게 느꼈다. 일반적으로 신학교의 교과는 신학교육 위주의 과목으로 배치했다.

이와 같은 커리큘럼은 신학교에서 일반적으로 볼 수 있는 것이다. 그러나 중국 현지의 상황은 다르다. 그러므로 현지 문화

---

56) Donald Anderson McGavran, *The Bridges of God* (New York: Friendship Press, 1955), 15.

와 세계관을 고려한 과목배치가 필요하다. 초기에 우리는 한국 신학교에서 배운 과목들 가운데 신학을 위주로 하는 과목배치를 하였다. 그러나 현지 상황은 이런 과목들을 소화하기에는 어려운 상태였다. 먼저 신학생들의 학력수준 문제이고 또 다른 문제는 마음 상태였다. 현지의 학생들은 두 종류로 나눌 수 있다. 배우고 싶은데 여러 원인으로 수업을 따라 오지 못하는 부류와 수업이 충분히 가능한데 노력을 하지 않는 부류이다.

선교지에서 신학에 대한 생각이 두 가지인데, 신학이 필요 없다는 사람들과 신학을 배우려면 목회현장에서 실천 가능한 것을 배우고 싶다는 사람들이 대부분이다. 그러나 연구자는 성경과 기초신학 공부가 목회에 필수적이라고 생각하는 사람이다. 그래서 초기에는 신학위주로 과목배치를 하였다. 열심히 공부한 사람들은 소정의 효과를 얻었다. 그러나 문제점도 다수 발견되었다. 후에는 실천신학과목을 늘리려고 노력하였다.

신학교 교과목에 현지의 문화와 세계관을 이해할 수 있는 교과목을 배치하여야 한다. 신학교육도 중요하지만 신학생이나 목회자가 기독교 세계관과 현지 문화와 세계관을 이해할 때 세계관의 변화가 일어날 수 있다.

문화와 세계관 이해는 선교사만 필요한 것이 아니라 효과적으로 복음을 전하기 원하는 모든 그리스도인들에게도 필요하다. 신학생과 목회자들이 문화와 세계관을 이해하고 실제적인 세계관 변화의 체험을 바탕으로 목회를 감당할 때 성도들의 세계관 변화를 효과적으로 도울 수 있다.

제4부

결론

제1장 연구결론

본 연구는 중국 선교전략 수립을 위한 도교 세계관 이해에 관하여 세계관 분석, 세계관 변화, 선교전략 등을 선교학적 이론을 근거로 연구하여 도교 세계관을 가진 사람들에게 효과적으로 복음을 전할 수 있는 선교전략을 제시하고자 하였다.

이를 위한 선행연구로는 타문화권에서 사역하는 선교사를 위한 세계관의 분석과 변화 그리고 선교전략 등이 다양하게 국내·외에서 연구가 되어있다. 그러나 아시아권 특히 중국 세계관이나 선교전략에 대한 연구는 미미한 편이다. 중국 세계관에 관한 선행연구는 중국과 선교전략 연구가 나뉘어져 있다. 그래서 연구자는 중국 도교의 세계관을 심도 있게 연구한 후 선교 경험을 바탕으로 선교전략을 세우고 제시하였다.

1. 도교 세계관 연구

중국 도교 세계관 분석을 위해 중국학자들의 세계관(자연관) 연구문헌과 도교의 신중국 건립 그리고 개혁개방 이후 변화에 따른 연구를 통하여 선교지에서의 경험을 토대로 선교학적 이론에 근거하여 분석하고 선교전략을 제시했다.

중국 도교는 중국의 근본이 되는 전통문화와 함께 하면서 태어나고 성장하였다. 그래서 중국인들도 중국의 바탕이 도교에 있다고 한다. 도교 사상은 노자의 『도덕경』을 근본으로 한다. "도가도 비상도"(道可道 非常道) 즉, 도는 항상 불변하는 궁극적 실제가 아니며 궁극적 실제는 결코 정의에 의하여 제한될 수 없다고 한다. 노자에게 있어서 "도"는 형상을 초월하며 인간의 감각으로 잡을 수 없는 것이다.

발견한 내용으로는 도교는 먼저 옛사람들이 신령을 숭배한 것은 복을 빌고 화를 면하기 위해서였다. 둘째는 초기 도교는 전국시대부터 진·한 시대에 이르기까지의 신선(神仙)전설과 방사들의 방술에 기원을 두고 있다. 셋째는 초기 도교는 선진시대 노장철학과 진한시대 도가학설에서 유래하였다. 넷째는 초기 도교 가운데 상층계급의 도교는 모두 유학과 대립하지 않았다. 그들은 도리어 유학을 보조자로 삼아 세상에 출현하였다. 다섯째는 도교의 수련양생은 육체적 건강을 초보적인 수련으로 삼기 때문에 양생과 신체적 건강을 중시했다. 이런 배경에서 도교가 발생했다.

현대에 들어서면서 도교는 새로운 연구와 함께 중시되고 있다. 그러나 중국 현대도교는 사회주의 현대화 건설에 공헌하길 바라는 정부의 요구에 적극적으로 호응하여 애국주의 정신을 널리 알리며 중화민족 정신을 하나로 하기 위해 공감대를 형성하는 일에 공헌하고 있다.

연구결과 중국 도교 세계관을 이루는 첫째 주제는 "세계의 기원", 즉 우주천체와 인간사회의 시작을 천체운동 연화의 결과로 본다. 우주생성에 대한 다섯 가지 이론이 있다. 첫째는 우주천체의 기원을 "기(氣)"로 보는 이론이다. 둘째는 우주천체의 기원을 "혼돈(混沌)"이라 보는 이론이다. 셋째는 우주천체의 기원을 "태극(太極)"이라고 보는 이론이다. 넷째는 우주천체의 기원을 "노군(老君)"이라고 보는 종교화 이론이다. 다섯째는 우주천체 기원을 "허무(虛無)"로 보는 이론이다.

중국 도교 세계관을 이루는 둘째 주제는 "세계 중의 존재자"인 천지인으로 도교에서는 삼재(三才)라 부르며 천지인을 우주세계의 세 가지 기본 요소라고 한다. 귀(鬼)는 도교에서 죽은 사람을 귀신이라 부른다. 즉 사람이 죽은 후에는 순수한 음의 신체가 되므로 이를 귀신이라 한다. 신선(神仙)을 도교 관점에서 보면 신(神)은 선천적으로 귀(鬼)가 변하여 된 것이다. 그러나 선(仙)은 후천적으로 수련을 통하여 된다. 그러므로 수련을 통하여 선(仙)이 되는 것이 도교 수행에서 추구하는 최고의 목표이다.

중국 도교 세계관을 이루는 셋째 주제는 "세계의 성질"로써 도교에서는 이상세계를 현실세계보다 지나간 시대로 생각한다. 과거에 아주 좋은 것이 존재했었다고 생각하며 그곳으로의 복귀를 강조한다. 노자는 복귀를 강조하며 인간의 덕이 충만한 아기의 상태로 돌아가야 한다고 했다. 그러므로 성인은 이것을 알고 복귀하는 사람이다. 성인(聖人)은 또한 사람들을 도와 복귀의 과정을 완수한다.

중국 도교 세계관을 이루는 넷째 주제는 "이상적 세계"에 관한 것이다. 노자는 "나는 작은 나라에서 적은 사람과 삽니다."라는 사상으로 이상적인 사회를 말하고 있다. 이 사회는 "도"로 다스려지는 사회이다. 백성이 평안하게 살고 즐거이 일하며 풍습이 순박하고 정결한 사회, 이런 상태의 사회를 도교에서는 가장 이상적인 사회라고 한다.

중국 도교 자연관은 자연에 대하여 갖고 있는 체계적인 관점과 인식을 말하며 또한 과학적인 세계관이며 우주관이다. 자연관에는 규율성, 즉 "도"로부터 시작된 자연 규율은 영원하며 절대적이다. 운동성, 즉 "도"는 일종의 자연적인 천지운행 시스템을 가지고 있다. 체계성, 즉 도교는 자연계의 "천지인"을 체계의 총체라고 본다. 지속성은 자연계를 유지 보호하며 지속적으로 발전하는 것이며 자연이 본래 가지고 있는 생태의 속성을 유지하는 것이다. 본체성은 자연이 스스로 높은 위치에 있다는 것을 말하며 자연계의 권리를 존중해야 하며 자연과 조화를 이루며 살아야 한다. 생명관은 생명을 존중하고 모든 생명의 평등을 주장하는 도교의 기본 개념이다.

2. 기독교 세계관과 도교 세계관의 비교

타문화권에서 선교하는 선교사는 선교지의 역사, 언어, 문화 등의 연구가 꼭 필요하다. 세계관 이해는 선교의 목표와 방향에 영향을 미치며 실제적인 전략적 관계형성의 이론적 근거가 되고 실제적인 방법의 개발에 도움을 준다. 기독교 세계관에 대한 이해는 선교지 세계관 파악에 도움이 되고 선교지 성도의 세계관 변화의 목표가 될 뿐 아니라 그들에게 제시하고 교육하는 세계관의 표준이 된다. 선교지의 세계관 이해가 필수적인 것처럼 복음을 전파할 때 상황화 역시 필요하다. 한국인이 중요하게 여기는 이슈와 중국 도교 세계관을 가진 사람들이 중요하게 여기는 이슈가 다르기 때문이다. 그러므로 선교사는 먼저 자신이 가진 문화적 상황에서 전통적인 신념과 관습의 의미와 위치를 성경진리에 비추어 평가해야 한다. 이것은 선교사가 바른 복음을 효과적으로 전파하기 위하여 필요하다.

3. 중국 도교 세계관을 가진 사람들을 위한 선교전략

이제까지의 연구와 도교 세계관을 성경말씀과 개혁주의 신학 그리고 《웨스트민스터 신앙고백서》를 근거로 비평한 결과와 기독교와 중국 도교 세계관의 비교와 선교경험을 바탕으로 선교전략을 세웠다.

선교전략으로는 먼저 도교의 "겸손"을 통한 전략으로, 겸손을 전략적 접촉점으로 사용하는 것이다. 겸손은 상대방을 높이는 중요한 덕으로 관계와 체면을 중시하는 중국 사람들에게 중요하며 그 관계로 들어가는 관문이 된다.

둘째는 "도"와 인격적인 하나님을 통한 선교전략으로 도교의 근본이 되는 도는 위격이 없는 대상이다. 그러므로 도교도들은 그들이 숭배하는 신앙의 대상과 인격적인 교제가 없다. 복음을 전할 때 인간과 인격적인 교제를 나누시는 하나님을 전하여 도교 세계관을 가진 사람들이 하나님을 만나도록 도와야 한다.

셋째는 죄의 개념을 통한 선교전략으로 성경에서는 죄를 하나님과 관계 차원에서 다루지만, 도교에서는 죄를 분명하게 무엇이라 말하지 않는다. 그러나 죄 용서에 대하여 말하고 있다. 이것은 잘못된 것으로 하나님만이 죄를 용서하실 수 있다는 것을 알려야 한다. 도교 세계관 속에서 죄의 결과에 따라 지옥에서 엄청난 고통을 받는다고 말하고 있으나 참된 죄의 개념과 사면(赦免)의 문제는 다루지 않고 있다.

넷째는 도교의 우주 생성론과 창조론의 비교를 통한 선교전략으로 도교의 우주천체 기원사상은 도가들이 말하는 우주생성과 연화(演化)의 기본규율을 출발점으로 하고 있다. 도교의 "기"에서 만물의 기원이며 연화, 즉 진화를 통하여 천하 만물이 생성된다. 그러므로 하나님께서 천하 만물을 창조하셨음을 분명히 선포하고 도교의 우주 생성론과 진화론이 잘못된 것임을 알려야 한다.

다섯째는 장생불로와 기독교의 구원론을 통한 선교전략으로 도교 세계관을 가진 사람들은 선행과 수련을 통하여 생명을 연장하거나 신선이 되어 선경(仙境)이라는 장소에서 더 나은 삶을 영위하는 것을 구원이라 생각한다. 그러므로 선교사는 바른 접근법으로 접근하여 참된 구원은 장생불로가 아니며 또한 인간이 장생불로할 수 없다는 아주 상식적인 이치를 말해주고, 하나님 앞에서 복음을 듣고 회개하고 죄사함 받아 하나님과의 관계 회복이 참된 구원의 길임을 선포해야 한다.

선교지에서 복음을 효과적으로 전파하거나 또는 이미 예수 그리스도를 믿고 교회에서 신앙생활을 하는 사람들, 그리고 신학공부를 하여 목회자가 되고자 하는 모든 사람들을 위하여 예수님께서 말씀하신 "가르쳐 지키게 하라"(마28:20) 는 말씀을 따라 순수한 복음을 효과적으로 전파하고 교회에서는 초신자 교육과 제자훈련을 통하여 제자화를 해야 한다. 신학교 과목 배정에 있어서도 도교 세계관을 가진 사람들을 위하여 선교와 문화인류학, 세계관, 비교 종교학 등의 과목들을 배치하여야 한다. 신학생 스스로 먼저 학습하여 알고, 목회 현장에서 성도들을 바르게 교육하여 세계관 변화가 일어나도록 도와야 한다.

제2장 연구의 한계와 후속연구 방안

1. 연구의 한계

본 연구의 한계는 선교전략을 위한 도교 세계관 선행 연구가 미미한 가운데 이루어져 문헌의 한계가 있다. 또한 중국선교가 이제 선교중국으로 진행되는 시점에서 중국선교 전략을 연구하는 연구자가 미미하다는 것이다. 중국선교가 새로운 국면을 맞이했지만 중국선교는 지속되어야하고 선교전략에도 새로운 변화가 있어야한다.

2. 후속연구 방안

후속연구 방안으로는 먼저 본 연구에서는 도교문화를 연구하지 못하였지만 앞으로 중국선교 전략을 위하여 도교 세계관 연구와 중국 도교문화의 연구가 병행되어야 한다. 중국 도교문화는 중국인들의 생활과 가장 밀접한 것으로 선교 전략적 도교문화 연구가 필요하여 제안한다.

다음은 연구과정에서 설문조사의 필요성을 보게 된다. 그러므로 문헌연구를 기초로 현재 중국인들의 도교에 대한 인식과 도교의 영향을 조사하기 위하여 설문조사를 해야 한다. 문헌연구는 이론과 지나간 시대의 상황을 파악하는데 효율적이다. 그러나 선교사는 현재 살고 있는 사람들에게 복음을 전해야 한다. 그러므로 설문조사와 조사결과 분석은 현재 중국인의 도교 세계관과 도교 문화의 영향을 알기 위해 꼭 필요하여 제안한다.

마지막으로 연구결과 중국교회의 실태파악을 위한 연구의 필요성이 보였다. 중국교회 신도들 가운데 기독교 세계관이 확립된 자들과 아직 그렇지 못한 자들 또한 변화 가운데 있는 자들의 상태 파악이 필요하다. 신도의 진정한 영적 성장을 위하여 이 연구는 필요하다. 설문조사와 조사결과 분석 후 그 결과에 따라 기독교 세계관 확립을 위한 전략 제시가 필요하여 제안한다.

한글 자료

葛兆光. 『道教와 中國文化』. 沈揆昊 역. 서울: 東文選, 1993.

강승삼. 『한국선교의 미래와 전방개척선교』. 서울: 한선협(KWMA), 2006.

강승삼 외15인. 『선교를 위한 문화인류학』. 서울: 이레서원, 2001.

거쯔리 스텐. 『21세기 선교』. 정흥호 역. 서울: 사) 기독교문서선교회, 2003.

고힌 마이클, 바르톨로뮤 크레이그 .『세계관은 이야기다』. 윤종석 역. 서울: 한국기독학생회출판부, 2014.

구보 노리따다. 『道敎史』. 최준식 역. 서울: 분도출판사, 1990.

김성태. 『선교와 문화』. 서울: 이레서원, 2003.

김승호. 『선교와 상황화』. 서울: 도서출판 토라, 2007.

김종구. 『중국교회 이단 동방번개』. 경기도: 도서출판 목양, 2011.

기어츠 클리퍼스. 『문화의 해석』. 문옥표 역. 서울: 까치글방, 2012.

노에벨 데이빗 A. 『기독교 세계관으로 본 시대의 이해: 충돌하는 세계관』.

류현진, 류현모 역. 서울: ㈜디씨티와이북스, 2014.

류제현. 『중국 역사 지리』. 서울: ㈜문학과지성사, 2010.

牟鐘鑒.『중국 도교사-신선을 꿈꾼 사람들의 이야기』. 이봉호 역. 서울:

예문서원, 2015.

모펫 사무엘. 『아시아 기독교회사』. 김인수 역. 서울: 장로회신학대학교
　　출판사, 2008.

바빙크 헤르만. 『개혁주의 신론』. 이승구 역. 서울: 사)기독교문서선교
　　회, 2009.

＿＿＿＿＿. 『개혁파 교의학』. 김찬영, 장호준 역. 서울: 새물결플러
　　스, 2015.

벌코프 루이스. 『벌코프 조직신학』. 권수경, 이상원 역. 경기도: 크리스찬
　　다이제스트, 2006.

사이어 제임스. 『기독교 세계관과 현대사상』. 김헌수 역. 서울: 한국기
　　독학생출판부, 2015.

시먼즈 존. 『타문화권 복음전달의 원리와 적용』. 홍성철 역. 서울: 도서
　　출판 세복, 1995.

안점식. 『세계관을 분별하라』. 서울: 죠이선교회, 2015.

＿＿＿. 『세계관 종교 문화』. 서울: 죠이선교회, 2008.

여동빈. 『태을금화종지太乙金華宗旨』. 이윤희, 고성훈 역. 서울: 여강출
　　판사, 2011.

윌리암스 G I. 『웨스트민스터 신앙고백서 강해』. 나용화 역. 서울: 개혁
　　주의신행협회, 1990.

윤춘식. 『로마 가톨릭교회 세계관 이해와 중·남미 선교 전략』. 서울:
　　쿰란출판사, 2008.

이병길. 『중국 선교의 어제와 오늘』. 경기도: 개혁주의신행협회, 1987.

이승구. 『기독교 세계관이란 무엇인가?』. 서울: SFC출판사, 2014.

이우윤. 『선교 중국을 향한 비전과 그에 따른 중국선교 연구 자료집』.
　　대구: 도서출판 CUM, 2012.

잔스촹. 『도교문화 15강』. 안동준, 런샤오리 역. 경기도: 한영출판사,
　　2012.

정세근. 『노자 도덕경』. 서울: ㈜문예출판사, 2018.

정흥호. 『복음과 상황화』. 서울: 사)기독교문서선교회, 2004.

중국어문학연구회 편. 『중국문화의 이해』. 서울: 도서출판 학고방,
　　2001.

차오 조나단. 『중국 선교 핸드북』. 중국어문선교회 역. 서울: 도서출판
　　두란노, 1995.

칼텐마르크 막스. 『노자와 도교』. 장원철 역. 서울: 도서출판 까치, 1993.

킹 한스, 칭 줄리아. 『중국 종교와 그리스도교』. 이낙선 역. 경북: 분도 출판사, 1994.

크래프트 찰스 H. 『기독교 문화인류학』. 안영권, 이대헌 역. 서울: 사)기독교문서선교회, 2010.

테리 J. 마크, 페인 J.D. 『교회와 선교사를 위한 선교 전략 총론』. 엄주연 역. 서울: 사)기독교문서선교회, 2015.

파이퍼 존. 『열방을 향해가라』. 김대영 역. 서울: 좋은 씨앗, 2003.

페어뱅크 존 킹. 『新中國史』. 중국사연구회 역. 서울: 도서출판 까치, 1994.

황태연, 『아시아 선교론』, 서울: 크리스챤 다이제스트, 1993.

허자오텐. 『현대 중국의 사상적 곤경』. 임우경 역. 경기도: ㈜창비, 2018.

헨더렌 J. 판 & 펠레마 W. H. 『개혁교회 교의학』. 신지철 역. 서울: 새물결플러스, 2018.

히버트 폴. 『21세기 선교와 세계관의 변화』. 홍병룡 역. 서울: 복 있는 사람, 2014.

논문 자료

김교철. "초기 한국 장로교회의 타문화권 교회 설립에 관한 선교학적 고찰: 1913년부터 1957년까지 중국 산동(山東)과 만주국(滿洲國)를 중심으로". 선교학박사학위논문, 아세아연합신학대학교 대학원, 2017. 160-168.

김충환. "신장 위구르 무슬림 신앙 속에 아타나는 민간 신앙 요소 연구". 신학박사학위논문, 합동신학대학원대학교, 2017. 16-32.

梅榮相. "緬華敎會向当地華人民間信仰群体布道策究". 敎牧博士學位論文, 馬來西亞浸信會神學院, 2014. 234-243.

龍澤黼. "道家圣人觀-從≪老子≫到≪庄子≫". 中國哲學碩士學位論文, 湘譚大學, 2014. 8-15.

기독교 잡지(중문)

編輯部. "中國道教協會召開九屆五次會張广大會議". 「中國道教」 2017年 6期. 18-19.

_____. "中國道教協會召開九屆六次會張广大會議". 「中國道教」 2018年 1期. 9.

陳望衡. "道教'仙境'槪念的当代价值" 「鄱陽湖學刊」 2014年 1期. 5-12.

李剛. "走向未來的道教研究". 「当代中國民族宗教問題研究」第6集 2012. 195-211.

繆樨蘭·楊建文. "宗教爲什么伴隨社會主義長期存在". 「思想政治課教學」 2008年 2期. 52-53.

江兵. "'老子'之圣人觀". 「河北靑年管理干部學院學報」 2014年 1期. 88-91.

袁志鴻. "新時代的道教要高揚'愛國愛教'的旗幟走好中國化道路". 「世界宗教文化」 2018年 3期. 8-11, 21.

張鳳林. "堅持道教中國化方向努力踐行社會主義核心价値觀". 「中國宗教」 2016年 11期. 22-24.

周高德. "春節與道教信仰". 「中國宗教」. 2001年 1期. 48-50.

Peters George W. *"Current Theological Issues in Missions"*. Bibliotheca Sacra 135 (1978).

학술지

김종구. "재한 중국인 유학생의 세계관에 관한 연구". 「개혁논총」 제37 권 (2016. 3). 93-129.

이선영. "포스트모던 시대에서 기독교세계관 교육의 중요성 및 방향 연구". 「개혁논총」 제37권 (2016. 3). 159-196.

程樂松. "鬼之仙途: 道教視閾中的觀念演進". 「世界宗教研究」 2017年 1 期 (2017. 10). 116-124.

杜毅漫, 宋雪蓮. "自然与自私". 「中國文化研究」 2006年 2期 (2006. 9). 47-50.

尹信慧. "当代道教的突破与振興". 「中國社會主義學院學報」 2017年 4期 (2017. 8). 117-121.

趙芃. "基督教, 伊斯蘭敎与道敎 自然觀的對話 - '三敎'自然觀的趨同与
  融合". 「貴州社會科學」 2005年 2期 (2005. 3). 100-102.
朱展炎. "道敎世界觀硏究". 「道敎硏究」 2015年 2期(2015. 2). 69-73.

인터넷 자료

https://baike.baidu.com/item/%E4%B8%BA%E4%BA%BA%E6%B0%9
  1%E6%9C%8D%E5%8A%A1/40335?fr=aladdin
http://news.eastday.com/s/20190203/u1a14586197.html
https://dao.qq.com/a/20160623/052605.htm

주석 자료

한성천, 김시열. 『옥스퍼드 원어성경대전 059 이사야 36-44』. 서울: 제
  자원, 2006.
칼빈 존. 『舊約聖經注釋 제1권 창세기Ⅰ』. 聖經注釋出版委員會 譯. 서울:
  新敎出版社, 1978.

중문 자료

曹中建. 『中國宗敎硏究年鑒: 2001-2002』. 北京: 宗敎化出版社, 2003.
陳淸. 『中國哲學史』. 北京: 北京語言文化大學, 2001.
陳怡. 『庄子內篇』. 北京: 高等敎育出版社, 2015.
林語堂. 『中國人』. 郝志東, 沈益洪 譯. 上海: 學林出版社, 2008.
老子. 『道德經』「春秋」. 歐陽居士 譯. 北京: 中國畵報出版社, 2012.
牟鐘鑒. 『中國道敎)』. 廣東: 廣東出版社, 1996.
南懷瑾. 『中國道敎發展史略述』. 北京: 東方出版社, 2015.
秦家懿, 孔漢思. 『中國宗敎与基督敎』. 北京: 三聯書店, 2003.
石曉娜. 『中國文化一本通』. 北京: 朝華出版社, 2008.
王作安. 『中國的宗敎問題和宗敎政策』. 北京: 宗敎化出版社, 2002.
文史知識編輯部. 『道敎与傳統文化』. 北京: 中華書局, 2016. 320.
許地山. 『中國道敎史』. 山東: 山東文藝出版社, 2018.
楊信實. 『道敎与基督宗敎灵修』. 台北: 光啓出版社, 1996.

趙芃. 『道教自然觀研究』. 成都: 巴蜀書社, 2007.
朱越利. 『当代中國 : 宗敎禁忌』. 北京: 民族出版社, 2001.

영문 자료

Bosch David J. *Transforming Mission*. Maryknoll: Orbis Books, 1993.

Hesselgrave David J. & Rommen Edward. *Contextualization : Meanings, Methods, and Models*, trans George W. Peters (Leicester LEI: Apollos, 1989), C48-52.

Hiebert Paul G. *Anthropological Reflections on Missiological Issues*. Michigan: Baker Book, 1998.

Hiebert Paul G. and Meneses Elose Hiebert. *Incantational Ministry*. Michigan: Baker Books, 1995.

Kane J. Herbert. *Christian Missions in Biblical Perspective*. Michigan: Baker Book, 1989.

_____. *Understanding Christian Missions*. Michigan: Baker Book, 1975.

_____. *Life and Work on the Mission Field*. Michigan: Baker Book, 1992.

Kraft Charles H. *Anthropology for Christian Witness*. Maryknoll: Orbis Books, 1996.

_____. *Christianity in Culture*. Maryknoll: Orbis, 1984.

McGavran Donald Anderson. *The Bridges of God*. New York: Friendship Press, 1955.

Nicholls Bruce J. *Contextualization: A Theology of Gospel and Culture*. Downers Grove, IL: InterVarsity, 1979.

Piper John. *Let The Nations Be Glad*. Michigan: Baker Academic, 2003.

Sire James W. *The Universe Next Door*. Illinois: InterVarsity Press, 1988.

Stockwell Foster. *Religion in China Today*. Beijing: New World Press, 1996.

Terry John Mark, Payne J. D. *Developing a Missions-A Biblical,*

Historical, and Cultural Introduction. Michigan: Baker Academic, 2013.

Tippett Alan R. *Introduction to Missiology.* pasadena: William Carey Library, 1987.

Wright Christopher J. H. *The Mission of God.* Illinois: IVP Academic, 2006.

Winter Ralph D. and Steven C. *Hawthorne, Perspectives on The Christian Movement.* California: William Carey Library, 1999.

이주현

저자는 빌리온 선교회에 소속 선교사로, 1994년부터 2019년 초까지 중국 선교사로 제자 훈련, 신학교 사역, 교회 개척 사역을 하였고, 2019년부터 2022년 초까지 광주소래교회 파송 선교사로 이탈리아 로마에서 중국 유학생 사역과 화교교회 선교 동원 사역을 하였다.

합동신학대학원대학교를 거쳐 ACTS in USA에서 Ph. D in Intercultural Studies 를 취득하였다.

주요 논문으로는 "중국 선교전략 수립을 위한 도교 세계관 이해에 관한 고찰" (ACTS in USA 박사학위 논문, 2019), "창의적 접근 지역에서 교회 개척"(「한국선교 KMQ」 2021 봄호 통권 77호), "성경적 관점에서 바라본 도교 세계관"(「빌리온 선교연구지 BMQ」 2022년 창간호) 등이 있다.

선교적 관점으로 본

중국의 전통종교
도교 세계관

초판인쇄   2022년 07월 15일
초판발행   2022년 07월 15일

지은이   이주현
펴낸이   채종준
펴낸곳   한국학술정보㈜
주   소   경기도 파주시 회동길 230(문발동)
전   화   031) 908-3181(대표)
팩   스   031) 908-3189
홈페이지   http://ebook.kstudy.com
E-mail   출판사업부 publish@kstudy.com
등   록   제일산-115호(2000. 6. 19)

ISBN   979-11-6801-535-7   93240